警察官のための
わかりやすい

警察行政法

平居 秀一 著

立花書房

はしがき

　本書は，これまで全く行政法を学んだことのない方が，警察行政に必要な行政法の知識を一から学ぶ際に利用していただくことを想定して書き下ろしたものである。
　現実の行政活動を知らぬまま，参考書を用いて行政法を学ぶことは，決して容易なことではない。そのため，本書においては，道交法や風営法，銃刀法といった警察関係の実定法や警察行政に関する例示を可能な限り多く盛り込むとともに，できる限り平易な内容となるよう，言葉を選びながら記述を進めた。本書を通読していただくことで，警察行政に必要な行政法の基礎を体得していただくことができると確信している。
　本書が読者諸氏における行政法の学習ないし理解に少しでも寄与することを願ってやまない。

　　平成 31 年 2 月吉日

　　　　　　　　　　　　　　　　　　　　　　　　　　　平居　秀一

凡　　例

1　判例は，初学者向けの解説書であることを踏まえ，裁判所名，判決／決定の別，年月日のみでの特定にとどめた。
2　[......]は「やや発展」として，「本文」と「発展」の中間的な内容となっている。
3　本書で略称を用いた法律名の正式名称は，次のとおりである。

〈略　称〉

警　職　法	警察官職務執行法
刑　訴　法	刑事訴訟法
道　交　法	道路交通法
道交法施行令	道路交通法施行令
道交法施行規則	道路交通法施行規則
風　営　法	風俗営業等の規制及び業務の適正化等に関する法律
銃　刀　法	銃砲刀剣類所持等取締法
銃刀法施行令	銃砲刀剣類所持等取締法施行令
銃刀法施行規則	銃砲刀剣類所持等取締法施行規則
団体規制法	無差別大量殺人行為を行った団体の規制に関する法律
ストーカー規制法	ストーカー行為等の規制等に関する法律
犯　給　法	犯罪被害者等給付金の支給等による犯罪被害者等の支援に関する法律
国際捜査共助法	国際捜査共助等に関する法律
暴　対　法	暴力団員による不当な行為の防止等に関する法律
酩　規　法	酒に酔つて公衆に迷惑をかける行為の防止等に関する法律
児童虐待防止法	児童虐待の防止等に関する法律
刑事収容施設法	刑事収容施設及び被収容者等の処遇に関する法律
情報公開法	行政機関の保有する情報の公開に関する法律
標識標示令	道路標識、区画線及び道路標示に関する命令
景　表　法	景品表示法

警察官のためのわかりやすい警察行政法／目次

はしがき
凡　例

第1編　行政法概論

行政法概論 …………………………………………………………… 3
1　「行政」とは ……………………………………………………… 3
(1)　「行政」の意味 ……………………………………………… 3
(2)　国家の「作用」としての行政 …………………………… 3
(3)　国家の「組織」としての行政 …………………………… 4
(4)　地方公共団体における「行政」 ………………………… 5
(5)　行政の多様性 ………………………………………………… 6

2　行政法とは ……………………………………………………… 8
(1)　行政法の定義 ………………………………………………… 8
(2)　法令の種類 …………………………………………………… 8
(3)　多種多様な行政法 …………………………………………… 9
(4)　行政法の種別 ………………………………………………… 10
(5)　刑訴法は行政法か？ ………………………………………… 10
(6)　警察官が重点的に学ぶべき行政法の範囲 ……………… 11

第2編　行政組織法

第1章　総　　論 ……………………………………………………… 17
1　行 政 組 織 ……………………………………………………… 17
2　行 政 機 関 ……………………………………………………… 17
(1)　意　　義 ……………………………………………………… 17
(2)　行政庁と補助機関 …………………………………………… 18
(3)　行政庁の形態〜独任制と合議制〜 ……………………… 20

3　行政庁による意思決定の仕組み〜決裁〜 ………………… 20

4　行政組織相互の関係 …………………………………………… 21
(1)　上下型と対等型 ……………………………………………… 21
(2)　対等な関係にある行政組織の相互関係 ………………… 22
(3)　上下の関係にある行政組織の相互関係 ………………… 23

5　行政組織（行政庁）の「権限」 ………………………………… 23
　　(1)　「権限」の意義 …………………………………………………… 23
　　(2)　法律による権限の分配 …………………………………………… 23
　　(3)　他の行政機関による権限の代行 ………………………………… 24
　　(4)　補助機関による行政庁の権限の代行 …………………………… 26

第2章　地方自治法 ……………………………………………………… 29

　1　はじめに ……………………………………………………………… 29

　2　地方公共団体 ………………………………………………………… 29
　　(1)　意　　義 …………………………………………………………… 29
　　(2)　地方公共団体の事務 ……………………………………………… 30
　　(3)　普通地方公共団体と特別地方公共団体 ………………………… 31
　　(4)　都道府県と市町村 ………………………………………………… 31
　　(5)　政令指定都市 ……………………………………………………… 32

　3　地方公共団体の組織 ………………………………………………… 33
　　(1)　議事機関と執行機関 ……………………………………………… 33
　　(2)　議　　会 …………………………………………………………… 34
　　(3)　地方公共団体の長 ………………………………………………… 35
　　(4)　委員会（行政委員会） …………………………………………… 35

　4　地方公共団体の長と議会の関係 …………………………………… 37
　　(1)　二元代表制 ………………………………………………………… 37
　　(2)　首長と議会の均衡と抑制を図るための制度 …………………… 37
　　(3)　議会による首長の不信任議決 …………………………………… 38
　　(4)　首長の再議権 ……………………………………………………… 38
　　(5)　首長による議会の解散権 ………………………………………… 38
　　(6)　首長による専決処分 ……………………………………………… 39

　5　国と地方公共団体の関係 …………………………………………… 40
　　(1)　対等な関係 ………………………………………………………… 40
　　(2)　関与の法定主義 …………………………………………………… 40
　　(3)　自治事務と法定受託事務 ………………………………………… 41

　6　条例と規則 …………………………………………………………… 42
　　(1)　条　　例 …………………………………………………………… 42
　　(2)　条例の効力が及ぶ範囲 …………………………………………… 43
　　(3)　条例と法令の関係 ………………………………………………… 43
　　(4)　規　　則 …………………………………………………………… 45

7　住民の直接請求権 …………………………………………………… 46
　　　(1)　住民自治を実現するための制度 ………………………………… 46
　　　(2)　地方自治法上の直接請求権 ……………………………………… 47

第3章　警　察　法 …………………………………………………… 48

　1　はじめに ……………………………………………………………… 48

　2　警察制度の変遷と現行警察法の特徴 ……………………………… 48
　　　(1)　戦前の警察制度 …………………………………………………… 48
　　　(2)　旧警察法の制定 …………………………………………………… 48
　　　(3)　旧警察法の問題点 ………………………………………………… 49
　　　(4)　現行警察法の制定 ………………………………………………… 50
　　　(5)　現行警察法の理念と特徴 ………………………………………… 50

　3　都道府県の警察組織―都道府県警察 ……………………………… 51
　　　(1)　概　　説 …………………………………………………………… 51
　　　(2)　組　　織 …………………………………………………………… 51
　　　(3)　所 掌 事 務 ………………………………………………………… 55

　4　都道府県の警察組織―都道府県公安委員会 ……………………… 58
　　　(1)　組　　織 …………………………………………………………… 58
　　　(2)　委　　員 …………………………………………………………… 59
　　　(3)　委 員 長 …………………………………………………………… 60
　　　(4)　所 掌 事 務 ………………………………………………………… 60
　　　(5)　規則制定権 ………………………………………………………… 61
　　　(6)　庶　　務 …………………………………………………………… 62

　5　都道府県警察相互の関係 …………………………………………… 63
　　　(1)　相互協力義務 ……………………………………………………… 63
　　　(2)　援助の要求 ………………………………………………………… 63
　　　(3)　管轄区域外における職権行使 …………………………………… 64

　6　国の警察組織―警察庁 ……………………………………………… 72
　　　(1)　概　　説 …………………………………………………………… 72
　　　(2)　組　　織 …………………………………………………………… 72
　　　(3)　所 掌 事 務 ………………………………………………………… 73

　7　国の警察組織―国家公安委員会 …………………………………… 74
　　　(1)　組　　織 …………………………………………………………… 74
　　　(2)　委　　員 …………………………………………………………… 75
　　　(3)　委 員 長 …………………………………………………………… 75

　　　　(4) 所 掌 事 務……………………………………………………… 75
　　　　(5) 規則制定権………………………………………………………… 76
　　　　(6) 会　　議…………………………………………………………… 76
　　　　(7) 庶　　務…………………………………………………………… 76

　　8　国が治安責任を果たすための仕組み……………………………… 77
　　　　(1) 国が治安責任を果たす必要性…………………………………… 77
　　　　(2) 国が治安責任を果たすための警察法上の制度………………… 78
　　　　(3) 警察庁長官の都道府県警察に対する地方自治法に基づく関与よりも
　　　　　　強い関与……………………………………………………………… 78
　　　　(4) 都道府県警察に要する経費の一部の国庫支弁………………… 79

　　9　職　　員………………………………………………………………… 81
　　　　(1) 職員の種別………………………………………………………… 81
　　　　(2) 警察官の階級……………………………………………………… 81
　　　　(3) 地方警務官と地方警察職員……………………………………… 82
　　　　(4) 地方警察職員たる警察官の都道府県別・階級別定員………… 82

第3編　行政作用法
第1章　総　　論……………………………………………………… 87
　　1　はじめに………………………………………………………………… 87

　　2　行政法における「警察」の概念と「警察権の限界」論………… 88
　　　　(1) 「学問上の警察」と「実定法上の警察」……………………… 88
　　　　(2) 「警察権の限界」論について…………………………………… 89

　　3　法律による行政の原理（法治主義）……………………………… 90
　　　　(1) 意　　義…………………………………………………………… 90
　　　　(2) 「法律の留保の原則」と侵害留保説…………………………… 90

　　4　比 例 原 則…………………………………………………………… 94

　　5　平 等 原 則…………………………………………………………… 95

　　6　警察活動上の原理……………………………………………………… 96
　　　　(1) 法律の規定の厳格な解釈………………………………………… 96
　　　　(2) 目的外権限行使の禁止…………………………………………… 97
　　　　(3) 必要性のない場合の権限行使の禁止…………………………… 97
　　　　(4) 私的領域の尊重…………………………………………………… 98
　　　　(5) 個別法の根拠がない警察活動の限界…………………………… 99

7 「民事不介入の原則」について …………………………………… 101
8 裁量権収縮論 ……………………………………………………… 102
  (1) 行政作用に係る「権限」と「義務」 ……………………………… 102
  (2) 裁 量 権 …………………………………………………………… 102
  (3) 裁量権収縮論 ……………………………………………………… 103

第 2 章 様々な行政作用の類型 …………………………………… 111

1 行政作用の類型と行政手続法 …………………………………… 111
  (1) 行政作用の類型 …………………………………………………… 111
  (2) 行政手続法 ………………………………………………………… 111

2 行政作用の「要件」と「効果」 ………………………………… 112

3 行政行為の意義 …………………………………………………… 113

4 行政行為の分類 …………………………………………………… 114
  (1) 「法律行為的行政行為」と「準法律行為的行政行為」 ………… 114
  (2) 「申請に対する処分」と「不利益処分」 ………………………… 114

5 行政行為の諸類型 ………………………………………………… 116
  (1) 許　　可 …………………………………………………………… 116
  (2) 下　　命 …………………………………………………………… 119
  (3) その他の行政行為 ………………………………………………… 121

6 行政行為の附款 …………………………………………………… 123

7 行政行為をめぐる諸問題 ………………………………………… 124
  (1) 行政行為の効力発生要件 ………………………………………… 124
  (2) 行政行為の一般的な効力 ………………………………………… 125
  (3) 無効な行政行為と取り消し得る行政行為 ……………………… 127
  (4) 行政行為の取消しと撤回 ………………………………………… 128

8 行政行為に対する行政手続法上の規律 ………………………… 130
  (1) 申請に対する処分に関するルール ……………………………… 130
  (2) 不利益処分に関するルール ……………………………………… 132

9 行 政 指 導 ………………………………………………………… 134
  (1) 意　　義 …………………………………………………………… 134
  (2) 行政手続法上の規律 ……………………………………………… 134

10	行政調査	135
11	行政強制	136
	(1) 意義	136
	(2) 即時強制	137
	(3) 行政上の強制執行	139

第3章 警察官職務執行法 …… 142

1	はじめに	142
2	総則的規定（1条，8条）	142
3	権限規定の構造上の特徴とそれを踏まえた効率的な学習法	143
	(1) 権限規定の構造上の特徴	143
	(2) 権限規定の構造上の特徴を踏まえた効率的な学習法	144
4	警職法2条（職務質問）	147
	(1) はじめに	147
	(2) 職務質問（1項）	147
	(3) 所持品検査	154
	(4) 自動車検問	158
	(5) 職務質問に伴う任意同行（2項）	161
	(6) 職務質問に際しての禁止事項（3項）	164
	(7) 被逮捕者の身体捜検（4項）	165
5	警職法3条（保護）	168
	(1) 保護の要件及び方法（1項）	168
	(2) 保護実施後の措置等（2項から5項まで）	172
	参考 酩酊者の保護（酩規法3条1項）	174
	(1) 制度趣旨	175
	(2) 要件	175
	(3) 要件充足の効果	176
	(4) 警職法の保護との関係	176
6	警職法4条（避難等の措置）	177
	(1) 避難等の措置（1項）	177
	(2) 公安委員会への報告（2項）	181
7	警職法5条（犯罪の予防及び制止）	181
	(1) 意義	182

(2) 要　　件 …………………………………………………………… 182
　　　(3) 行使できる権限 ………………………………………………… 183

　8　警職法6条（立入り）………………………………………………… 185
　　　(1) は じ め に ……………………………………………………… 185
　　　(2) 危険時の立入り（1項）………………………………………… 185
　　　(3) 公開の場所への立入り（2項）………………………………… 187
　　　(4) 立入り時の注意事項等 ………………………………………… 190

　9　警職法7条（武器の使用）…………………………………………… 190
　　　(1) は じ め に ……………………………………………………… 192
　　　(2) 武器の「使用」の意義 ………………………………………… 193
　　　(3) 使 用 要 件 ……………………………………………………… 194
　　　(4) 危害許容要件 …………………………………………………… 194

第4編　行政救済法

第1章　総　　論 ……………………………………………………… 201

第2章　国家賠償法 …………………………………………………… 202
　1　国家賠償制度の意義 …………………………………………………… 202

　2　公務員の不法行為による損害賠償責任の成立要件 ……………… 203
　　　(1) 成 立 要 件 ……………………………………………………… 204
　　　(2) 条文の解釈 ……………………………………………………… 205

　3　相互保証主義 …………………………………………………………… 209

第3章　行政不服審査法 ……………………………………………… 211
　1　行政上の不服申立ての意義 …………………………………………… 211

　2　審 査 請 求 ……………………………………………………………… 212
　　　(1) 審査請求の対象 ………………………………………………… 213
　　　(2) 審査請求先となるべき行政庁 ………………………………… 213
　　　(3) 審査請求期間の制限 …………………………………………… 214
　　　(4) 教　　示 ………………………………………………………… 215
　　　(5) 審理員による審理 ……………………………………………… 215
　　　(6) 標準審理期間の設定 …………………………………………… 216
　　　(7) 裁　　決 ………………………………………………………… 216

第4章　行政事件訴訟法　　218
1　行政事件訴訟（抗告訴訟）の意義　　218
2　抗告訴訟の種類　　219
3　処分の取消しの訴え　　220
　(1)　意　　義　　220
　(2)　審査請求との関係　　220
　(3)　出訴期間の制限　　220
　(4)　教　　示　　221
　(5)　判　　決　　223
4　義務付けの訴え　　223
　(1)　意　　義　　223
　(2)　他の抗告訴訟との併合提起　　224

第5編　そ の 他

第1章　情報公開・個人情報保護制度　　229
1　制度の趣旨　　229
　(1)　情報公開制度　　229
　(2)　個人情報保護制度　　229
　(3)　両制度の共通点　　230
2　情報公開制度における開示請求　　230
　(1)　対　　象　　230
　(2)　請求権者・請求の方法　　230
　(3)　請求を受けた実施機関の対応　　231
　(4)　不開示情報　　232
　(5)　不開示決定・部分開示決定（一部不開示決定）に対する救済　　235
3　個人情報保護制度における開示請求　　236

第2章　地方公務員法　　238
1　地方公務員法の意義と適用範囲　　238
2　地方公務員の服務上の義務　　238
　(1)　「服務」の意義と服務の根本基準　　238
　(2)　服務上の義務　　239

3　分限処分 …………………………………………………… 244
　⑴　意　　　義 …………………………………………… 244
　⑵　種　　　類 …………………………………………… 244
　⑶　分限事由 ……………………………………………… 244
　⑷　手　　　続 …………………………………………… 245
4　懲戒処分 …………………………………………………… 245
　⑴　意　　　義 …………………………………………… 245
　⑵　種　　　類 …………………………………………… 245
　⑶　懲戒事由 ……………………………………………… 245

事項索引 ……………………………………………………………… 247
著者略歴 ……………………………………………………………… 252

第1編

行政法概論

行政法概論

1 「行政」とは

(1) 「行政」の意味

行政法とは，行政に関する様々な法令の総称である。そのため，行政法の学習を始めるに当たっては，「行政」の意味を理解しておかなければならない。

「行政」の意味については，世間一般的には「行政とは役所のこと」といった理解がなされている。また，ある国語辞典には，いくつか列挙されている「行政」の解説の中に「法の実現を目的として執行される国家作用」と記述されている。前者は組織に着目した行政の理解，後者は作用に着目した行政の理解であり，「行政」の意味を正確に理解する手掛かりとはなるが，いずれもやや素人的な捉え方である。

そもそも「行政」という概念は，憲法（第5章　内閣）に登場するものであるから，まずは憲法を手掛かりに，「行政」の意味を確認してみよう。

(2) 国家の「作用」としての行政

〈　三権の役割分担　〉

憲法は，国家の作用を3つに分け，それぞれを別個の国家機関に担当させるとともに（具体的には，国家の作用を立法権，司法権，行政権に分け，国会が立法権を，裁判所が司法権を，内閣が行政権を担当するものとされている。），これら3つの国家機関が相互に均衡と抑制を図ることで，特定の国家機関に権力が集中することがないようにしている。このような仕組みを，三権分立という。

〈 三権分立 〉

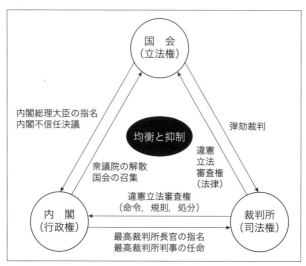

憲法41条	国会は，国権の最高機関であつて，国の唯一の立法機関である。
憲法65条	行政権は，内閣に属する。
憲法76条1項	すべて司法権は，最高裁判所及び法律の定めるところにより設置する下級裁判所に属する。

三権分立の一翼を担う「行政」とは，国家の作用のうち内閣に属するものを指し，この意味での「行政」は，一般に，行政権と称される。

(3) 国家の「組織」としての行政

行政権を担当する内閣の首長である内閣総理大臣は「行政各部を指揮監督する」ものとされている（憲法72条）。ここにいう「行政各部」とは，内閣を構成する様々な組織（いわゆる省庁など）を指す。行政権は内閣に属するが，

現実には，内閣を構成する様々な組織が，内閣総理大臣の指揮監督を受けつつ，行政権の行使に当たる活動を行っているのである。

そうすると，「行政各部」という場合の「行政」には，国家の作用である行政権を示す意味合いのほか，行政権を担う組織を示す意味合いも含まれていると理解できる。

以上のとおり，憲法を手掛かりに考えた場合，「行政」とは，行政権の帰属主体たる内閣を構成する様々な組織（組織の面に着目した行政の理解），ないし国家の作用の一部（作用の面に着目した行政の理解）を意味する語であることが分かる。

(4) 地方公共団体における「行政」

国の統治機構における「行政」と同様，地方公共団体にも「行政」が存在し，両者はほぼ並列的に捉えることができる。

すなわち，地方公共団体の組織は，議事機関（議会）と執行機関（議会以外の全ての組織）に分けられ，前者が国会，後者が内閣に相当するから（なお，裁判所に相当する組織は地方公共団体には存在しない。），地方公共団体においては，執行機関が「行政」（組織の面に着目した行政の理解）であり，また，執行機関の様々な活動が「行政」（作用の面に着目した行政の理解）ということになる。

〈　地方自治における「行政」　〉

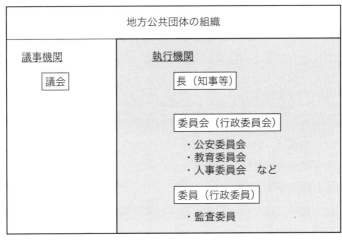

⑸ 行政の多様性

　国家の作用は司法権，立法権，行政権に分類されるが，司法権と立法権に属する国家の作用はごく限られており，それ以外の国家作用は全て行政である。そのため，行政に属する国家作用は実に多種多様である。

〈　多種多様な「行政」　〉

国レベル	地方自治レベル
外交／防衛／皇室関係事務／出入国管理／刑罰の執行／登記／自動車登録・車検／原子力規制／税関・検疫／外国人観光客誘致／国税徴収／検察官，海上保安官等の犯罪捜査／航空安全／気象　etc.	戸籍／住民登録／外国人在留管理／旅券発給／公教育（公立学校）／ごみ収集・処理／消防／バス・地下鉄／保健衛生／上下水道／地方税徴収／生活保護／地域振興（町おこし等）／警察官の犯罪捜査／都市計画／幼児保育（待機児童解消など）　etc.

　そのことは組織面にも反映されている。国の機関のうち，国会（衆議院と参議院から成る。）や裁判所（最高裁判所と下級裁判所から成る。）は組織構成が比較的単純であり，その所掌事務も限られているのに対し，内閣は，内閣府や各省庁，委員会など多くの組織から成り，その所掌事務は多種多様である。
　また，地方公共団体の執行機関も，地方公共団体の長（都道府県知事，市町村長）を中心に，委員会など多くの組織から成り，多種多様な事務を所掌している。
　警察が担う事務は，国の組織（国家公安委員会，警察庁）が担うものも，地方公共団体の組織（都道府県公安委員会，都道府県警察）が担うものも，全て行政に属する作用である。
　犯罪捜査も例外ではない。警察以外の行政組織が行うものも含め，犯罪捜査は，全て行政に属する作用である。

行政法概論　7

〈　内閣を組成する多くの組織　〉

> **発 展** 「司法警察活動」と「行政警察活動」
>
> 　一般の行政法学においては「司法警察活動」と「行政警察活動」という区別がなされている。警察活動のうち犯罪捜査に関わるものは前者、それ以外のものは後者とされるのである。
> 　この区別は、犯罪捜査を裁判所や裁判官が主宰していた戦前の制度の名残であるが、犯罪捜査は全て行政に属する作用であることが明白な現在においてもこの区別を用いることには、「犯罪捜査に関しては独自のルールが多く、行政法の一般原則があてはまらないことがあるため、犯罪捜査に関わる警察活動を特別扱いする」といった程度の意義しか存在しない。それどころか、「司法警察活動」という呼称を用いることで、犯罪捜査は司法に属する作用であるとの誤認を生じさせかねないという弊害が懸念される。そのため、本書においては、これらの呼称を一切用いていない。

2　行政法とは

(1)　行政法の定義

　冒頭で述べたとおり、行政法とは、行政に関する様々な法令の総称である。刑法や刑訴法と異なり、行政法という名称の法律が存在するわけではない。
　ある法令が行政法であるか否かは、それが行政に関することを定めたものであるか否かで判別される。つまり、行政に関することを定めた法令は行政法であり、行政に関することを定めていない法令は行政法ではない。

(2)　法令の種類
ア　国の法令

法律	国会が制定するもの 　　（警察関係の具体例）警察法、風営法、銃刀法、道交法
命令	国の行政機関（委員会を除く）が制定するもの。制定主体によって次の3つに区分される。 　　①政令…内閣が制定するもの 　　　　（警察関係の具体例）銃刀法施行令、道交法施行令 　　②内閣府令…内閣府の長である内閣総理大臣が制定するもの 　　　　（警察関係の具体例）銃刀法施行規則、道交法施行規則 　　③省令…各省の長である国務大臣が制定するもの

| 規則 | 国の行政機関（委員会）が制定するもの
（国家公安委員会規則の具体例）犯罪捜査規範 |

※ 優劣の関係は，法律＞政令＞内閣府令・省令＞規則である。

イ 地方公共団体の法令

条例	地方公共団体の議会の議決により制定されるもの ※当該地方公共団体の区域内に限り効力を有する。 ※罰則を定めることもできる。（地方自治法14条3項） 　（2年以下の懲役・禁錮，100万円以下の罰金，拘留，科料，没収， 　5万円以下の過料）
規則	地方公共団体の執行機関（地方公共団体の長や委員会）が制定するもの

※ 優劣の関係は，条例＞規則である。

　本書では，法令の中でも法律を中心に行政法の解説を行う。なお，条例は，議会の議決により制定される法規範である点で法律と共通することから，本書においては，条例も含む趣旨で「法律」の語を用いる場合がある。例えば，「法律による行政の原理」の説明文である「行政活動は，法律に従って行わなければならない。」（→90頁）という記述における「法律」の語は，条例も含む趣旨で用いている。

(3) 多種多様な行政法

　行政に属する作用が多種多様であることを反映して，行政法に分類される法令の数は，法律だけでも数千に上るとされる。

　行政法の多種多様性を分かりやすく表現したものとして，学習院大学の櫻井敬子教授が同大学のホームページ[1]に掲載している文章を以下に引用する（下線は筆者が付記）。

　「たとえば，山でハイキングをしようと思えば，有名なところ（富士山とか，阿蘇山とか，十和田湖とか）は，たいてい国立公園や国定公園になっています。これは自然公園法という法律によってエリアが決められ，さまざまな規制がかけられて自然が守られています。ハイキングした後に温泉に入れば，温泉には温泉法という法律があり，管理者には成分の検査・表示や衛生面，温度の管理が求められます。温泉から出てジュースを飲もうとすると，ジュースには果汁100％とか，無果汁などの表示がありますが，これは景表法という法律によっ

---

[1] http://www.gakushuin.ac.jp/univ/law/professor/sakurai.html（平成30年11月4日閲覧）

て，業者は一般消費者に対して情報提供することが義務付けられていることによります。家を建てる場合も，自分の土地の上に自分の家を建てるからといって好きなようにできるわけではなく，都市計画法や建築基準法によって，守らなければならない建物の用途や耐震基準が決められています。また，道路には信号があり，車は車道を走り，人間は横断歩道を渡らなければなりませんが，これらのルールは道路交通法で定まっているものです。これらは，全部，行政法です。」

(4) 行政法の種別

行政法は，おおむね「行政組織法」，「行政作用法」，「行政救済法」の3種類に分類される。

ア 行政組織法

行政の組織とその権限について定めた法令の総称であり，行政組織の所掌事務（任務）や組織の具体的な構成（局，部，課，室など）が定められている。

国の行政組織について定めた法律には，例えば，内閣府設置法，総務省設置法がある。地方公共団体の行政組織について定めた法律には，例えば，地方自治法がある。

警察法は，国と都道府県の警察組織の所掌事務（任務）や組織の構成について定めた法律であるから，行政組織法である。

イ 行政作用法

行政の活動について定めた法令の総称である。警察活動について定めた法令は，全て行政作用法である。警察関係の行政作用法で最も代表的なものは，警察官の一般的な職務執行に関して定めた警職法である。

ウ 行政救済法

行政の活動により被害を受けた（と主張する）国民の救済について定めた法令の総称である。国家賠償法，行政不服審査法，行政事件訴訟法がこれに当たる。

(5) 刑訴法は行政法か？

刑訴法は行政法ではないと言われることがある。確かに，刑訴法は，裁判所や裁判官の権限，刑事裁判のルール等を定める条項が大半を占めており，その

全体が行政法であるということはできない。しかしながら，例えば「検察官，検察事務官又は司法警察職員は，被疑者その他の者が遺留した物……を領置することができる。」(刑訴法221条) のように，犯罪捜査に関する検察官や検察事務官，司法警察職員の権限を定めた条文については，そうした権限の行使が「行政」に分類される以上，行政法（行政作用法）に分類されると考えられる。

　もっとも，犯罪捜査に関しては独自のルールが多く，行政法の一般原則があてはまらないことがあるし，また，刑訴法と行政法は別の学問として扱われるのが一般的であることから（警察学校でも両者は別の科目とされている。），本書でも，刑訴法を行政法としては扱わない。

(6) 警察官が重点的に学ぶべき行政法の範囲

　行政法に分類される法令は極めて多数に上るが，警察官がその全てを学ぶことは求められない。行政の中でも警察官が深く関わるのはごく限られた分野であり，そうした分野を重点的に学ぶことが求められる。試みに，2つの異なる切り口から，警察官が重点的に学ぶべき行政法の範囲を絞り込んでみると，以下のようになる。

ア　国と地方公共団体

　行政組織は国と地方公共団体に存在し，行政作用は国と地方公共団体がそれぞれ担っているが，警察は都道府県警察を基本としていることから，警察官としては，地方公共団体（都道府県）に関する事項を重点的に学ぶことが求められる。

イ　給付行政と規制行政

　行政作用を分類するための概念として，給付行政と規制行政というものが存在する。給付行政とは，国民に様々な便益を提供する行政作用を指し，規制行政とは，国民の権利・自由を制限したり国民に義務を課したりする行政作用である。もっとも，これらのいずれにも分類し難い行政作用もかなり存在する。例えば，交番における地理教示や拾得物の取扱いなどは，規制行政でないことは明白であるが，給付行政でもなさそうである。

　給付行政を多く担当するか，規制行政を多く担当するかは，行政組織ごとに異なる。例えば，市町村が行う事務の中には，道路や公園の設置・管理，公民

館の運営，ごみの回収，上水道の供給，生活保護費支給など，給付行政に該当するものが多数存在する一方，警察や消防，税務署が行う事務は，その多くが規制行政に該当するものである。そのため，警察官としては，規制行政に関する事項を重点的に学ぶことが求められる。

> **発　展**　犯罪被害者等給付金の支給
>
> 　警察が行う事務は，そのほとんどが規制行政に該当するか，又は規制行政，給付行政のいずれにも分類し難いものであるが，給付行政に該当するものが存在しないわけではない。
> 　犯罪被害者等給付金の支給に関する事務は，同給付金が，犯罪被害者やその遺族の「犯罪被害者等給付金の支給を受ける権利」（犯給法11条2項）に基づき支給されるものであるから，給付行政と位置付けられる。
> 　警察の事務のうち純然たる給付行政と位置付けられるものは，オウム真理教犯罪被害者等を救済するための特別立法に基づく制度（ただし，既に申請が締め切られ，役目を終えている。）を除けば，恐らくこれのみである。
> 　なお，犯罪被害者等給付金は，犯罪被害者やその遺族からの申請に基づき，都道府県公安委員会が支給の裁定をした場合に支給されるが，都道府県公安委員会による犯罪被害者等給付金に係る裁定は，
>
> 　○法定受託事務であること（警察行政における唯一の法定受託事務）
>
> 　○支給の裁定は，行政法学における行政行為の分類において，特許に分類されること（警察行政における特許）
>
> といった特徴を有している。
> 　上記のとおり，犯罪被害者等給付金の支給やそれに関連する手続は，様々な特異性を有していることから，右図を参考にして，制度の概要を把握しておいていただきたい。

〈 犯罪被害者等給付金の申請・請求の流れ 〉

```
            犯罪被害の発生
    ┌───────────┼───────────┐
障害が残ったとき  重傷病を負ったとき  亡くなられたとき
    │           │           │
障害給付金の申請・請求  重傷病給付金の申請・請求  遺族給付金の申請・請求
    └───────────┼───────────┘
        申請する人の住所地を管轄する公安委員会
                    │                              支給裁定申請の手続
                裁定のための調査
                    │
        都道府県公安委員会による裁定
            ┌───────┴───────┐
        不支給裁定          支給裁定
            │                │
        不支給裁定通知      支給裁定通知
                             │
                        給付金請求            給付金の請求手続
                             │
                        給付金受領
```

「犯罪被害者等給付金の申請・裁定の流れ」(警察庁)
(https://www.npa.go.jp/higaisya/kyuhu/pdf/hankyuukinP4_5.pdf) を加工して作成

第2編

行政組織法

第1章　総　　論

第2章　地方自治法

第3章　警　察　法

第1章 総　　論

1　行政組織

　行政は，国や地方公共団体の活動であるが，国や地方公共団体が，直接，行政活動の担い手となるわけではない。なぜなら，国や地方公共団体は，人々の意識の中に観念として存在するだけで，目に見える実体を有しないからである。

　国や地方公共団体による行政活動は，実際には，国であれば各省庁といった，目に見える実体を有する組織が担い手となっている。行政活動の担い手となる様々な組織を総称して行政組織という。

2　行政機関

(1)　意　　義

　もっとも，行政組織が行政活動を担うという捉え方は，必ずしも現実に即したものではない。なぜなら，確かに行政組織は，国や地方公共団体と異なり，目に見える実体を有するものの，自然人（我々人類のこと）のように，意思決定をしたり，権限を行使したり，事務を処理したりする能力を有するわけではないからである。

　正確に言えば，行政活動の担い手は，意思決定や権限行使，事務処理の能力を有する自然人，具体的には，行政組織の職員である。行政組織の職員は，実体を有しない国や地方公共団体に代わり，その手足となって，意思決定を行い，それを外部に表示するなどして，行政活動を担い，事務を処理している。国や地方公共団体に代わり，その手足となって行政活動に従事する行政組織の職員のことを，行政機関という。

> 「機関」とは，組織のためにその手足となって活動する自然人を指す語である。株式会社で言えば，例えば取締役や監査役がその機関である。

発 展　「行政機関」の二義性

　行政法学における「行政機関」の意義は，本文に記載したとおりであるが，法令上は，「行政機関」の語が異なる意味で用いられている場合がある（例えば，国家行政組織法においては，「行政機関」が行政組織を指す語として用いられている。）。
　行政法を学ぶに当たっては，「行政機関」のように，同一の文言でありながら，学問上と法令上とでその意味が異なる場合が少なからず存在することに留意しなければならない。

(2) 行政庁と補助機関

　行政機関の代表例は，「行政庁」と「補助機関」である。本書では，これら2つの行政機関について，道路使用許可を例に説明する。
　道交法は，警察署長が道路使用許可を行う旨を定めている（道交法77条）。これは，道路使用許可申請に対する許可又は不許可の判断を署長が行わなければならないことを意味している。しかし，実際問題として，多くの業務を抱えている署長が，他の職員の助力を得ることなく，全ての道路使用許可申請に対して許可又は不許可の判断を適切に行うことは極めて困難である。実務上は，警察署は署長を頂点とするピラミッド型の行政組織であるから，交通課の窓口係員が受付段階で申請書の記載内容や添付書類を点検し，交通課の主任や係長が許可の可否を審査し，交通課長や副署長（次長）によるチェックを経た上で，署長が許可又は不許可の最終判断を下すという取扱いが行われている。このような取扱いが行われることで，副署長（次長）による許可又は不許可の判断は，各段階におけるチェックを経て既に適法かつ妥当なものとなっているはずであるから，署長は，特段の事情がない限り，副署長（次長）が下した判断を追認し，それを最終判断とすればよい。その結果，多くの業務を抱えている署長で

あっても，全ての道路使用許可申請に対し，許可又は不許可の最終判断を適切に行うことが可能になっている。

なお，上記で示したとおり，道路使用許可申請の処理には多くの職員が関与しているが，許可又は不許可の最終判断を行うのは，署長であり，副署長（次長）以下の職員は，署長による最終判断を補助する役割を果たしているにすぎない。署長のような，行政組織の頂点に位置し，自ら意思決定を行う職員のことを，「行政庁」といい，副署長（次長）以下の職員のような，自らは意思決定の権限を有せず，行政庁による意思決定を補助する役割を果たしている職員のことを，「補助機関」という。

〈 警察署における行政庁と補助機関 〉

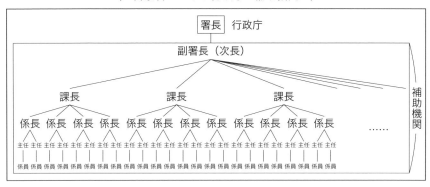

> **発 展** **警察官は「執行機関」**
>
> 　行政法学上，行政組織の職員のうち，一定の行政目的を達成するために自らの判断で実力を行使することが認められているものを，執行機関という。執行機関もまた，行政庁や補助機関と並んで，行政機関の一つである。
> 　警察官には，各種の法令により，実力を行使する権限が付与されている。例えば，警職法により，泥酔者や精神錯乱者の保護，犯罪の制止，武器の使用といった権限が付与されているほか，他の法令によっても，酩酊者の保護（酩規法）や違法駐車車両の移動（道交法）といった権限が付与されている。警察法63条は，「警察官は，上官の指揮監督を受け，警察の事務を執行する。」（上官の指揮監督は受けるが，上官からの命令に基づくことなく，自らの判断で事務を執行する，という意味）と定めていることから，警察官は，各種の法令により警察官に付与された実力行使の権限を，現場における自らの判断で行使することが

できる。よって，警察官は「執行機関」である。
　ただし，行政法学においては，後述する地方自治法上の「執行機関」（地方公共団体の長や委員会を指す語）の方が重要である。「執行機関」の語も，「行政機関」の語と同様に，二義性を有しているので，注意していただきたい。

(3) 行政庁の形態　〜独任制と合議制〜

　ピラミッド型の組織構造をしている行政組織（警察署に限らず，多くの行政組織がピラミッド型の組織構造をしている。）においては，ピラミッドの頂点に位置する当該組織の長が行政庁で，その他の職員が補助機関であり，行政庁は単独の職員である。このように，単独の職員で構成される行政庁のことを，独任制の行政庁という。

　これに対し，複数の職員から成る合議体で構成され，それらの職員の合議により意思決定が行われる行政庁のことを，合議制の行政庁という。公安委員会（都道府県公安委員会を指す。本書では，都道府県公安委員会のことを単に「公安委員会」と表記する場合がある。）は，3人又は5人の委員から成る合議体で構成され，委員は単独で意思決定を行うことができず，委員の合議により意思決定が行われることから，合議制の行政庁である。

　　合議制の行政庁においては，飽くまで合議体が行政庁なのであって，合議体を構成する個々の職員（公安委員会で言えば，公安委員）は行政庁ではない。

3　行政庁による意思決定の仕組み　〜決裁〜

　行政庁による意思決定は，通常，補助機関からの上申に基づき行われる。この場合，補助機関の中でも下位の職位にある職員が，意思決定の案（道路使用許可を例にとると，許可又は不許可の方針など）を記載した文書（起案文書）を作成し，順を追って上位の職位にある職員の承認を求めていく。上位の職位にある者（決裁権者）が起案文書に押印[2]し，その内容を承認することを，決

---

2) ただし，近年では，いわゆる電子決裁が急速に普及してきている。電子決裁の場合は，起案文書が電子決裁システムを介して決裁権者に回付され，決裁権者は，システム上の「承認」ボタンをクリックする等の方法により決裁を行う。

裁という。そして、最終決裁権者である行政庁が起案文書を決裁した時点で、起案文書に記載された意思決定の案が、行政庁の意思決定として確定するのである。

決裁による意思決定の方式は、行政庁の意思決定に先立ち、多数の補助機関が意思決定の当否を審査することで、法令の規定に適合し、かつ、内容面でも妥当な行政庁の意思決定の実現につながっている。

〈 道路使用許可申請に対して許可をする場合の決裁の流れ（イメージ） 〉

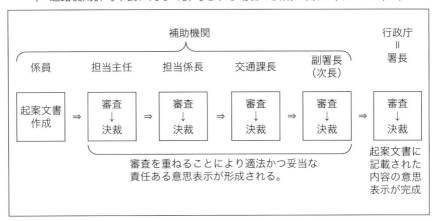

4 行政組織相互の関係

(1) 上下型と対等型

行政組織法における行政組織相互の関係には、上下の関係と対等な関係が存在する。

都道府県警察を例にすると、ある都道府県警察と他の都道府県警察は、行政組織法上、対等の関係にある。このことは、警察法に都道府県警察の相互協力義務が定められていること（59条）等から導かれる。したがって、最大規模の東京都警察と最小規模の鳥取県警察も、対等である。

また、都道府県警察の内部的関係として、警察本部[3]と警察署は、行政組織法上、上下の関係にあると解される。警察法にはその旨が明記されていないが、

---

3) 本書では、警視庁と道府県警察本部を合わせて「警察本部」と表記する。

警察署は警察本部の出先機関[4]と位置付けられる以上，当然のことである。

> 上下・対等の別は，行政組織相互の関係のほか，行政組織の内部における関係においても存在する。例えば，警察署の課長は相互に対等であるが，署長や係長との間には上下の関係が存在する。

(2) 対等な関係にある行政組織の相互関係

あらゆる行政組織はそれぞれの所管事項につき責任を負う独立した存在であるから，行政組織は，対等な関係にある他の行政組織の活動に「口出し」することはできない。しかし，複数の行政組織が同じ案件について共通の方針に基づき対処しなければならないこともある。そのような場合，共通の方針は，話合いにより決定される。複数の行政組織が話し合うことを，行政法学上，協議という。例えば，警察法においては，都道府県警察の管轄区域の境界周辺における事案を処理するため，隣接（近接）する都道府県警察の管轄区域に権限を及ぼすに当たっては，事前に関係都道府県警察が協議すべき旨を定めている（60条の2）。

> 行政活動の中には，法令上，複数の行政組織による共同所管とされている事項（共管事項）が存在する。共管事項については，共管する全ての行政組織の行政庁の意思決定がそろわないと，意思決定が行われたことにはならない。例えば，道路標識のうち，規制標識は国家公安委員会が，案内標識は国土交通省が所管しているが，両者は標識標示令という共同命令[5]により定められているので，道路標識に関する事項は国家公安委員会と国土交通省の共管事項となっている。そのため，標識標示令のうち案内標識の様式を定めた部分のみを改正しようとする場合であっても，国土交通大臣の意思決定に加えて国家公安委

---

[4] 地方自治法156条1項は「普通地方公共団体の長は，（中略）保健所，警察署その他の行政機関を設けるものとする。」と定めているところ，当該規定に基づき設置される各種の行政組織はいずれも，行政法学上，出先機関と位置付けられている。
[5] 複数の国務大臣（内閣総理大臣を含む。）が共同して発する府省令のこと。標識標示令は，国家公安委員会の主任の大臣である内閣総理大臣と国土交通大臣が共同して発する共同命令である。なお，内閣総理大臣が国家公安委員会の主任の大臣であることについては，拙著「警察官のためのわかりやすい憲法」200頁を参照していただきたい。

員会の意思決定が必要であり（両者の意思決定の内容は同一でなければならない。），逆もまた然りである。

(3) 上下の関係にある行政組織の相互関係

上下の関係にある行政組織がそれぞれ別個の方針で行政活動を行うと，行政の統一性を確保することができなくなるから，下位の行政組織は，上位の行政組織による決定事項や方針に従わなければならない。このことが担保されるよう，あらゆる行政組織は下位の行政組織に対する指揮監督権を有するとされる。

下位の行政組織に対する指揮監督権には次のようなものがある。
- ○監視権（事務の執行状況を監視したり調査したりする権限）
- ○同意・承認権（権限行使に当たり，同意・承認をする権限）
- ○取消し・停止権（権限行使を事後的に取り消したり停止したりする権限）
- ○裁定権（下位の行政組織相互の権限争いを裁定する権限）
- ○訓令・通達権（権限行使に関する指示をするための訓令や通達を発する権限）

5 行政組織（行政庁）の「権限」

(1) 「権限」の意義

行政組織（行政庁）の権限とは，行政組織が組織として行うことのできる行為，ないしは行政庁が行政組織のトップとして行うことのできる行為を指す。

(2) 法律による権限の分配

国や地方公共団体による行政活動は，様々な行政組織により分担して実施されるが，どの行政組織がいかなる行政活動を分担するのかは，各種の行政組織法において，所掌事務（任務）として定められている。あらゆる行政組織は，自らの設置の根拠となる行政組織法に定められた自らの所掌事務（任務）に属する事項に関してのみ権限を行使することができる。このことを「法律による権限の分配」という。

例えば，道路で工事を行うためには，法律上，道路使用許可（道交法）と道

路占用許可（道路法）が必要とされるが，道路使用許可は警察署長の権限，道路占用許可は道路管理者の権限とされているから，警察署長が道路占用許可をすることはできない[6]。

(3) 他の行政機関による権限の代行

「法律による権限の分配」の結果として，行政庁は，他の行政組織の所掌事務に属する事項に関して権限を行使することができないが，例外的に，本来権限を行使すべき行政庁ではない行政機関がその権限を行使できる場合が存在する。

これを「権限の代行」という。

権限の代行を行えるのは，次の2つの場合である。

ア 権限の代理

権限の代理とは，本来権限を行使すべき行政庁（被代理行政庁）が，権限を委譲することなく，自らの代理として，他の行政機関に権限を行使させることをいう。

権限の代理は，被代理行政庁の代わりに権限を行使するものであるから，権限の代理による意思決定や権限行使は，被代理行政庁が行ったものとして扱われる。

なお，権限の代理は，自由に行えるわけではなく，法律に根拠がある場合（法定代理）か，又は被代理行政庁から個別に代理権を付与された場合（授権代理）に限り行うことができる。

そして，権限の代理を行う場合，被代理行政庁に代わって権限を行使するものであることを明示して行わなければならない。

例えば，内閣総理大臣が外国出張する際は，出張期間中，あらかじめ指定された国務大臣が臨時に内閣総理大臣の職務を代行するが，これは，内閣法の規定に基づく権限の代理（法定代理）であり，「内閣総理大臣臨時代理　国務大臣　麻生太郎」等と権限の代理であることを明示して権限が行使される。

---

[6]　もっとも，申請者の負担軽減を図るため，道路使用許可と道路占用許可の両方が必要となる場合の申請は，警察署長又は道路管理者のいずれか一方を経由して一括で行うことが認められている（道交法78条2項，道路法32条4項）。

〈 権限の代理 〉

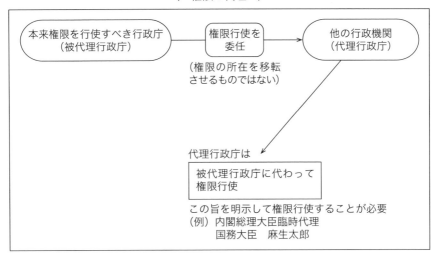

イ 権限の委任

　権限の委任とは，本来権限を行使すべき行政庁が，権限の一部を他の行政機関に委譲し，その行政機関の権限として権限を行使させることをいう。

　権限の委任は，本来権限を行使すべき行政庁から他の行政機関に権限を委譲するものであるから，権限の委任が行われると，委任を受けた行政機関（受任機関）に権限が移転し，委任した行政庁（委任機関）には権限が残らない。また，権限の委任による意思決定や権限行使は，受任機関が行ったものとして扱われ，受任機関は，権限を行使するに当たり，自己の名において権限を行使することとなり，それが権限の委任によるものであることや委任機関がどの行政庁であるかを明示する必要はない。

　このように，権限の委任が行われると，委任機関から受任機関に権限が完全に移転してしまうので，「法律による権限の分配」の観点からは，法律の根拠なしに権限の委任をすることはできない。そのため，権限の委任は，法律の根拠がある場合に限り行うことができる。

　権限の委任の例としては，北海道公安委員会から方面公安委員会への権限の委任が挙げられる。北海道は広大なため，北海道公安委員会の下に4つの方面公安委員会[7]が置かれており，多くの法律において，北海道公安委員会の権

---

7)　4つの方面公安委員会とは，函館，旭川，北見，釧路の各方面公安委員会である。

限を方面公安委員会に委任する旨の規定が設けられている。例えば，道交法（及び道交法施行令）により，北海道公安委員会の有する運転免許の権限が方面公安委員会に委任されており，受任機関たる各方面公安委員会は，自らの名称が記載された運転免許証を交付している。

〈 権限の委任 〉

```
┌─────────────────────────────────────────────────────┐
│  ┌──────────────┐   ┌────┐   ┌──────────┐          │
│  │本来権限を行使すべき│──│権限を│──→│他の行政機関│          │
│  │   行政庁    │   │委譲 │   └──────────┘          │
│  └──────────────┘   └────┘          │              │
│   委譲後は権限が  （権限の所在を移転）    ↓              │
│   残らない                    ┌──────────────┐      │
│                               │自らの名において権限行使│      │
│                               └──────────────┘      │
│                         （例）北見方面公安委員会の名称が │
│                              記された運転免許証の交付  │
└─────────────────────────────────────────────────────┘
```

(4) 補助機関による行政庁の権限の代行

　補助機関は，行政庁の意思決定を補助する役割を果たす職員であり，自らは固有の権限を有しないから，本来的には，補助機関による権限の行使はあり得ない。しかし，一定の場合に，行政庁の有する権限をその補助機関が代行することが認められている。

　行政庁の有する権限をその補助機関が代行することができるのは，次の2つの場合である。

ア 専　　決

　専決とは，本来権限を行使すべき行政庁が，その補助機関に対し，特定の事項についての意思決定権限を付与し，補助機関（専決権者）が行政庁の名において行政庁の権限を代行することをいう。

　通常，多くの権限を有する行政庁が，全ての権限について自ら意思決定を行うことは不可能であることから，一定の事項につき意思決定を補助機関に委ねることで（いわば内部的な委任である。），行政の効率的な遂行を図る趣旨で，専決が認められている。

　専決は，同一行政組織の内部で意思決定権限の所在を変更するものにすぎず，専決が行われる場合であっても対外的には行政庁の名において権限が行使

されることから，「法律による権限の分配」に反しないので，法律の根拠は不要である。なお，いかなる補助機関がいかなる事項について専決を行うかは，あらかじめ訓令等で決められている。

例えば，道路使用許可は警察署長の権限であるから，警察署長が決裁することで許可又は不許可の最終判断が下されるのが原則である。しかし，訓令等により，道路使用許可が交通課長の専決事項とされている場合は，交通課長（専決権者）が決裁することで，許可又は不許可の最終判断が確定し，それが警察署長の意思決定となる。この場合，専決権者たる交通課長が最終決裁権者となるので，署長や副署長（次長）は決裁を行わない。

イ　代　決

代決とは，行政庁が不在の場合（例えば，行政庁が出張中や休暇中である場合）に，その補助機関（通常は，行政庁の直近下位の部下）が行政庁の権限を代行することをいう。代決は，行政庁が不在の場合における臨時的な措置であり，事務処理の効率化を図るための恒常的な措置である専決とは性質を異にする。代決も，専決と同様に，同一行政組織の内部で意思決定権限の所在を変更するものにすぎず，代決が行われる場合であっても対外的には行政庁の名において権限が行使されることから，「法律による権限の分配」に反しないので，法律の根拠は不要である。

例えば，道路使用許可は警察署長の権限であるから，警察署長による許可又は不許可の最終判断がない限り，意思決定が完了しないが，警察署長が不在の場合は，直近下位の部下である副署長（次長）が決裁をした時点で，その判断が許可又は不許可の最終判断となり，意思決定が完了する。その場合，副署長（次長）は，署長の決裁を代行することを明らかにする趣旨で，自らの決裁欄に加えて署長の決裁欄にも押印する。

発　展　**警察本部長による公安委員会の権限の専決**

専決は，行政庁の補助機関が行うものであるところ，公安委員会と警察本部は別の行政組織であり，警察本部の職員は公安委員会の補助機関ではないから（そもそも公安委員会には補助機関が存在しない。），本来的には，警察本部の職員が公安委員会の権限について専決をすることはできないはずである。しかし，公安委員会の権限に属する事項に係る事務量は膨大であることから（例えば運

転免許），その全部を公安委員会の意思決定により行うことは事実上不可能であるため，公安委員会の権限に属する事務について公安委員会を補佐するという警察本部の役割（警察法47条2項，38条4項，5条5項）に鑑み，補佐の一環として，公安委員会の権限に属する事務の一部について，警察本部長による専決が行われている。

第2章　地方自治法

1　はじめに

　地方自治法は，「地方公共団体の組織及び運営に関する事項は，地方自治の本旨に基いて，法律でこれを定める。」と定めた憲法92条の規定を受けて，地方公共団体の組織や運営について定めた，地方自治に関する最も基本的な法律である。地方自治法に定められている事項は多岐にわたるが，本書では，重要な事項に絞って解説する。

> 　地方自治法は，地方公共団体の組織に関する基本的事項を定めているから，行政組織法であるが，住民の直接請求権に関する規定など，行政組織法ではない部分も存在する。本書では，便宜的に，地方自治法については，行政組織法ではない部分も含め，全て本章において解説する。

2　地方公共団体

(1) 意　義

　地方公共団体とは，国の領土の一定地域を基礎とし，当該地域の住民を構成員とし，当該地域における公共的事務を行う団体のことである。
　地方公共団体の組織及び運営は「地方自治の本旨」（地方自治の本来の趣旨といった意味合い）に基づき定められるが，「地方自治の本旨」とは，具体的には，「住民自治」と「団体自治」を指す。
　住民自治とは，地方における公共的事務は住民の意思に基づいて行われることを指す。言い換えれば，地域のことは地域の住民が自ら決めるということである。住民自治の観点から，憲法上，地方公共団体の長は住民が直接選挙することとされており，地方自治法においても，住民の直接請求権（条例の制定・

改廃請求権など）が定められるなど，国政レベルよりも直接民主主義的な制度が多く採用されている，

団体自治とは，地方における公共的事務は国から独立した団体が自らの意思と責任の下で処理することを指す。団体自治の観点から，地方公共団体は法人とされ，固有の権限（条例制定権など）や財源（地方税収入など）が付与されている。また，地方公共団体の事務に対する国の関与は，法令に根拠がある場合にしか行えないこととされている（関与の法定主義）。

(2) 地方公共団体の事務

地方自治法は，国と地方公共団体の役割分担に関し，以下のとおり定め，「住民の福祉の増進」，「住民に身近な行政」を地方公共団体の役割と位置付けている。

国の役割	国は，以下の事項を重点的に担当する。 ①国際社会における国家としての存立にかかわる事務 ②全国的に統一して定めることが望ましい事務 ③全国的な規模で又は全国的な視点に立って行わなければならない施策及び事業の実施
地方公共団体の役割	・地方公共団体は，住民の福祉の増進を図ることを基本として，地域における行政を自主的かつ総合的に実施する役割を広く担う。 ・住民に身近な行政は，できる限り地方公共団体に委ねる。

その上で，同法は，地方公共団体は「地域における事務[8]」を処理するものと定めているところ，上記の役割分担に鑑みると，地域の住民にかかわる事務は，国が本来果たすべき役割に係るものを除き，地方公共団体の事務ということになる。

「個人の生命，身体及び財産の保護」や「公共の安全と秩序の維持」を責務とする警察の事務は，地域の住民に深くかかわる事務であるから，国が本来果たすべき役割に係るものを除き，地方公共団体の事務である。

---

[8] 地方自治法2条2項では，地方公共団体は，「地域における事務」に加えて「その他の事務で法律又はこれに基づく政令により処理することとされるもの」を処理するとされている。法定受託事務（41頁）は，後者に該当するものとして地方公共団体の事務になると解される。

⑶ 普通地方公共団体と特別地方公共団体

　地方自治法上，地方公共団体として，普通地方公共団体と特別地方公共団体の２種類が定められている。普通地方公共団体とは，都道府県と市町村のことである。また，特別地方公共団体の代表例は，特別区である。

普通地方公共団体	都道府県，市町村
特別地方公共団体	特別区（いわゆる東京23区）

> 　これらのうち，憲法上の地方公共団体に該当するのは，普通地方公共団体であり，特別地方公共団体は憲法上の地方公共団体ではない。ただし，地方自治法上は，特別区について，普通地方公共団体に近い位置付け（都道府県と市町村の中間的な位置付け）がなされている。

　本書では，普通地方公共団体について解説することから，本書における「地方公共団体」の語は，普通地方公共団体を指す。

⑷ 都道府県と市町村

　都道府県と市町村の間には，全ての市町村はいずれかの都道府県に包括されるという包含関係が存在する。なお，両者に上下関係はなく，対等である。

　最も住民に身近な存在である市町村は，基礎的な地方公共団体であり，「地域における事務」のうち特に住民に身近なものを担当する。

　他方，都道府県は，複数の市町村を包括する広域的な地方公共団体であり，「地域における事務」のうち，次の３種類の事務を担当する。

　　①広域事務（対象や効果等が複数の市町村の区域にまたがる事務）
　　②連絡調整事務（国と市町村，市町村相互間の連絡調整等に関する事務）
　　③補完事務（規模又は性質において，市町村が処理することが適当でないと認められる事務）

　警察事象は広域にわたるものが多いことから，上記の「広域事務」に該当する。そのため，警察に関する事務は，都道府県の担当とされ，都道府県に公安委員会を置くこととされている。

(5) 政令指定都市

人口50万人以上の市は，政令で指定されると，都道府県の事務が大幅に委譲され，都道府県にかなり近い存在となる。政令で指定された人口50万人以上の市のことを，政令指定都市（指定都市，指定市[9]）という。

政令指定都市として，以下の20市が指定されている。

市名	所在道府県	市名	所在道府県
札幌市	北海道	名古屋市	愛知県
仙台市	宮城県	京都市	京都府
新潟市	新潟県	大阪市	大阪府
千葉市	千葉県	堺市	
さいたま市	埼玉県	神戸市	兵庫県
横浜市	神奈川県	岡山市	岡山県
川崎市		広島県	広島市
相模原市		福岡市	福岡県
静岡市	静岡県	北九州市	
浜松市		熊本市	熊本県

都道府県が担当する警察の事務は，政令指定都市への委譲はなされていないが，警察法上，政令指定都市が所在する道府県については，以下の点で，政令指定都市が所在しない県と異なる取扱いがなされている。

○公安委員の数が5人とされている（警察法38条2項。政令指定都市が所在しない県にあっては3人）。

○政令指定都市の区域内における道府県警察本部の事務を分掌する組織として，政令指定都市の区域に市警察部[10]を置くものとされている（警察法52条）。

---

9) 「政令指定都市」は，行政法学上の呼称であり，法律上は，指定都市（地方自治法など）又は指定市（警察法など）の文言が用いられている。

10) 市警察部は政令指定都市の区域に置かれるので，複数の政令指定都市が管轄区域内に所在する府県警察では，各政令指定都市の区域に市警察部が置かれる。例えば，神奈川県警察には，横浜市警察部，川崎市警察部及び相模原市警察部が置かれている。

> **発 展** 政令指定都市における行政区
>
> 政令指定都市には区が設けられており，行政区と呼ばれる。行政区は，「○○区」という名称が付される点で，特別区（いわゆる東京 23 区）と似ているが，両者の法的な位置付けは全く異なる。例えば，特別区は地方公共団体（特別地方公共団体）であり，法人格を有し，議会が置かれるのに対し，行政区は地方公共団体でなく，法人格を有せず，議会は置かれない。また，特別区の長は住民の選挙で選ばれるのに対し，行政区の長は市長が選任するものとされている。

3 地方公共団体の組織

(1) 議事機関と執行機関

地方公共団体には，国の立法権に相当する機能を担う機関として議事機関が，国の行政権に相当する機能を担う機関として執行機関が置かれている。

ア 議事機関

地方公共団体における議事機関とは，地方公共団体の運営に関する基本的事項を審議し，決定する機関のことである。

憲法 93 条 1 項は，地方公共団体に，住民の直接選挙で選ばれる議員で構成される議会を議事機関として設置する旨を定めており，地方自治法にも同様の規定が置かれている。地方公共団体の議会は，国会との対比において，地方議会と呼ばれることがある。

イ 執行機関

地方公共団体における執行機関とは，地方公共団体の意思を外部に表示し，これを執行する機関のことである。

執行機関のうち最も代表的なものは，長（地方公共団体の長）であり，都道府県の長は知事と称され，市町村の長は市町村長と称される。地方公共団体の長は，一般に，首長とも呼ばれており，本書においても，適宜，首長の表記を用いる。

憲法 93 条 2 項は，首長は住民の直接選挙で選ばれる旨を定めており，地方自治法にも同様の規定が置かれている。

なお，地方公共団体には，首長への権限集中を防止し，住民の利益に適合し

た行政を実現するため，首長以外にも，首長から独立した地位・権限を有する委員会などの執行機関が置かれ，首長以外の執行機関も地方公共団体の事務を分担する。公安委員会は，都道府県に置かれる執行機関の一つである。

執行機関は，自らの判断と責任において意思決定を行い，権限を行使する機関であるから，行政庁であり，その下に置かれる補助機関（事務局）の補助を受けながら，担当事務を遂行する。ただし，公安委員会には事務局が置かれず，代わりに，都道府県警察が公安委員会の事務処理を補佐する。

(2) 議　会

議会の主な事項は，国会と対比すると，下表のとおりである。

〈　国会と地方議会との比較　〉

	国　会	地方議会
構　成	二院制（衆議院，参議院）	一院制 ※議会を置かない代わりに有権者の総会（町村総会）を設けることも可能
議員定数	衆：465人　参：248人	条例で定める
議員の任期	衆：4年　　参：6年	4　年
議員の議案提出（発議）権	衆：20人以上の賛成で発議 参：10人以上の賛成で発議 ※予算を伴う法律案については，衆：50人以上，参：20人以上の賛成が必要	議員定数の12分の1以上の議員の賛成により提出可
議員の兼職禁止	同時に両議院の議員となることができない	国会議員との兼職禁止
召集（招集）権者	内閣が召集（形式的には天皇が召集するが，国事行為に対する助言と承認を通じて実際は内閣が召集を決定）	首長が招集
会議の種別	通常国会，臨時国会，特別国会	定例会，臨時会 ※いわゆる「通年議会」の場合は種別なし
会　期	150日（通常国会）	定例会の会期－条例で定める ※いわゆる「通年議会」の場合は通年
調査権	国政調査権	百条調査権

議会の権能に関し，地方自治法は，議会が議決すべき事項を定めており，その代表的なものは以下の事項である。

　○条例の制定・改廃
　○予算の策定
　○決算の認定

また，議会は，その属する地方公共団体の事務に関する調査を行うことができ，調査を行うため特に必要があるときは，関係人の出頭及び証言並びに記録の提出を求めることができる。議会が有するこの権能は，衆参両議院が有する国政調査権に相当する権能であり，地方自治法100条に根拠規定があることから，百条調査権と呼ばれる。

(3) 地方公共団体の長

首長は，住民の直接選挙で選ばれ，任期は4年である。国会議員や地方議会の議員等との兼職が禁じられている。

首長は，地方公共団体を統括し，代表するとともに，以下の事項をはじめ，地方公共団体の事務のうち他の執行機関の権限に属さないものを担当する。

　○議会の議決を経る必要のある事件につきその議案を提出すること。
　○予算を調製し，及び執行すること。
　○決算を議会の認定に付すること。
　○公の施設を設定・管理すること。

首長は，その権限に属する事務を分掌させるため，補助機関から成る内部組織を設けることができる。この内部組織を，首長部局という。都道府県の首長部局は，知事部局と呼ばれる。首長部局に属する補助機関のうち最上位の職（つまり首長の直近下位の職）は，副知事（副市町村長）であり，首長部局は，副知事（副市町村長）を頂点とするピラミッド型の構造になっている。

(4) 委員会（行政委員会）

地方公共団体には，執行機関として，首長から独立した地位や権限を有する委員会が置かれ，地方公共団体の事務は，首長と委員会が分担して遂行している。

地方公共団体に執行機関として置かれる委員会は，合議体から成る行政組織

であり，かつ，合議制の行政庁である。議会に置かれる委員会との対比で，行政委員会と呼ばれることもある。

〈　地方公共団体の執行機関　〉

```
                        知事
         指揮監督    ↙  ↓  ↓  ↘
      ↙                              ↘
  知事部局    公安委員会  教育委員会 ……… 選挙管理委員会
              ⎣_____所轄_____⎦

              ※ □ は都道府県の執行機関
```

　地方公共団体に複数の執行機関が置かれ，事務を分担するという仕組みは，首長が唯一の執行機関で，首長が全ての事務を担当するという仕組みに比べると複雑である。しかし，わざわざ複雑な仕組みが採られている理由としては，次の2つの点を指摘できる。
　一つは，首長への権限の集中を避け，権限の所在を分散した方がよいと考えられる点である。すなわち，仮に首長を唯一の執行機関とすれば，首長が独裁者になってしまうおそれがあるため，それを防止する観点から，権限の所在は分散されるべきである。
　もう一つは，委員会の担当する事務につき，政治的中立性を確保する必要性がある点である。すなわち，住民の直接選挙で選ばれる首長は，いわゆる政治家であり，党派的な背景を有していることから，首長による事務の処理は，事務ごとに程度の差はあれ，政治性を帯びたものとなる。しかしながら，地方公共団体の事務の中には，政治の影響を一切受けるべきでないものが存在する。そうした事務を，首長から独立した執行機関で，かつ，合議制の行政組織である委員会に分掌させた上で，委員会の委員の構成についても党派的な偏りがないようにすることで，委員会の担当する事務につき，政治的な中立性が確保されるようにしているのである。

地方自治法上，都道府県には，公安委員会のほか，例えば教育委員会や選挙管理委員会といった委員会を置くものとされている。それらの委員会は，いずれも，政治的中立性が求められる事務又は専門性の高い事務を分掌している。

> 　委員会は，首長の権限とされている条例案の議会への提出や予算の調製等を行うことができない。そのため，公安委員会は，警察関係の条例や予算であっても，自らその案を議会へ提出することはできない。

4　地方公共団体の長と議会の関係

(1)　二元代表制

　首長と地方議会の議員は，いずれも，住民の直接選挙で選ばれる仕組みが採られており，その結果として，首長と議会は，それぞれ住民に対して直接的に政治的責任を負う。なお，「住民に対して直接的に政治的責任を負う」とは，住民の解職請求（解散請求）により失職する可能性があることを指す。首長と議会がそれぞれ住民に対して直接的に政治的責任を負う仕組みのことを，二元代表制という。

　二元代表制の下では，首長と議会はいずれも住民の代表であり，対等の立場にあるが，両者とも住民に対して直接的に政治的責任を負う以上，両者が適度な緊張感を保ちながら協働し，住民の視点に立った地方公共団体の運営を実現することが求められる。

(2)　首長と議会の均衡と抑制を図るための制度

　二元代表制の下では，首長と議会が協働して地方公共団体の運営に当たることとなるが，首長と議会の議員は別々の選挙により選ばれる以上，首長の属する党派と異なる党派が議会の与党となること（いわゆる「ねじれ現象」）は決して珍しくなく，首長と議会が常に協調関係を保持できるとは限らない。

　そこで，首長と議会の関係が緊張した場合に，緊張状態を解消し，又は緊張状態の下でも地方公共団体の運営を円滑に進めるための制度として，地方自治法は，議会が首長の不信任議決をなし得る旨を定める一方，首長に対しては，①再議権，②議会の解散権，③専決処分，という3つの権限を付与している。

(3) 議会による首長の不信任議決

議会は，首長の不信任の議決[11]をすることができる。この議決は，衆議院における内閣不信任決議に相当する，議会から首長へのけん制のための権能と位置付けられる。

> 議会が首長の不信任議決をしたときは，直ちに議長からその旨を首長に通知しなければならない。議決の通知を受けた首長は，通知を受けた日から10日以内に議会を解散することができるが，10日以内に議会を解散しないときは，首長は失職する。

(4) 首長の再議権

首長は，条例の制定・改廃や予算に関する議会の議決に異議があるときは，議会に対し，審議をやり直させることができる。条文上，審議をやり直させることを「再議に付する」と表記していることから，首長が有するこの権限を，再議権という。首長が議会の議決を受け入れないという点に着眼して，拒否権とも呼ばれる。

> 首長による再議権の行使は，議決の送付を受けた日から10日以内に，理由を示してこれを行うことが必要である。
> 再議権が行使された場合，議会は，審議をやり直すが，出席議員の3分の2以上の同意によって元の議決と同じ内容の議決をしたときは，その議決が確定する。

(5) 首長による議会の解散権

議会が首長の不信任議決をした場合における首長の対抗手段として，首長は，議決の通知を受けた日から10日以内に，議会を解散することができる。首長による議会の解散は，衆議院が内閣不信任決議をした場合における内閣総理大臣による衆議院の解散に相当する，首長から議会へのけん制のための権能と位置付けられる。

---

11) 議員数の3分の2以上が出席し，出席議員数の4分の3以上の同意によって議決することが必要である。

> 内閣総理大臣は，衆議院が内閣不信任決議をした場合に限らず，いつでも任意に衆議院を解散できるのに対し，首長は，議会が不信任議決をした場合にしか議会を解散することができない。この差異は，首長による議会の解散権は，純粋にけん制のための機能であるから，法令に根拠がある場合に限り行い得るのに対し，内閣総理大臣による衆議院の解散は，内閣が行政権の行使につき国会に対して政治的責任を負うという議院内閣制の下，けん制のための機能のみならず，内閣の施策が民意に合致しているかどうかを確かめるための機能をも有していると解されることによる。

(6) 首長による専決処分

首長による専決処分とは，本来は議会が議決すべき事項（例えば条例の制定・改廃）につき，議会の議決を経ることなく，首長が処分することをいう。ここにいう「処分」とは，議会の議決に代えて，自らの意思決定をもって，その成立に必要な手続を完了させることを指す。

首長による専決処分は，地方公共団体の円滑な運営を確保する観点から設けられた制度であるが，本来ならば議会の承認を受けなければならない案件を首長が自らの判断限りで決めてしまうものであるから，濫用されると，二元代表制が採られた趣旨を脅かしかねない。そのような，いわば禁じ手ともいうべき選択肢は，最終手段でなければならないから，首長の専決処分は，以下に列挙する場合にのみ行い得る緊急の措置と位置付けられている。

　①議会が成立しない場合
　②議会を開くことができない場合
　③特に緊急を要するため首長が議会を招集する時間的余裕がない場合
　④議会が議会において議決すべき事件を議決しない場合

また，首長は，専決処分を行ったときは，次の議会で報告し，承認を求めなければならない。

5 国と地方公共団体の関係

(1) 対等な関係

国と地方公共団体の関係については，地方公共団体について定めた憲法92条中の「地方自治の本旨」に団体自治（地方における公共的事務は国から独立した団体が自らの意思と責任の下で処理すること）の観点が含まれている点に鑑みて，上下の関係ではなく，対等な関係にあるとされる。

(2) 関与の法定主義

国と地方公共団体は対等な関係にあることから，国が地方公共団体の事務処理について「口出し」をすることは原則としてできない。

しかしながら，例えば，地方公共団体の事務のうち法律に根拠を有するものについては，国における当該法律の所管官庁が，当該法律を誠実に執行する責務を負っているから（憲法73条1号），仮に，ある地方公共団体において当該法律の規定に適合しない事務処理が行われていることが判明したならば，所管官庁としては，是正を求める必要が生じる。この例に限らず，国の地方公共団体に対する「口出し」が合理性を有する場面は少なからず存在するものの，「口出し」は，国と地方公共団体が対等な関係にあるという理解と両立しづらい。

そこで，国と地方公共団体が対等な関係にあることを大前提としつつ，一定の場合には，国が地方公共団体の事務処理に「口出し」をすることができるようにするための調整規定として，地方自治法上，地方公共団体は，事務処理に関し，法律によらなければ国の関与を受けることはない旨が定められている。この規定の反対解釈として，国は地方公共団体の事務処理に関して法律の根拠があれば一定の関与を行うことができる。当該規定に盛り込まれたルールのことを「関与の法定主義」という。

ここにいう「関与」とは，国の行政組織が，一定の行政目的を実現するため，地方公共団体に対して具体的かつ個別的に関わる行為を指し，その基本的な類型としては，

　　○助言又は勧告
　　○資料の提出の要求

○是正の要求

といったものがある。関与に関する一般的なルールとして重要なことは，関与は，国と地方公共団体の対等な関係を損なうことのないよう，目的を達成するために必要最小限度のものでなければならず，また，関与を行うに当たっては，地方公共団体の自主性及び自立性に配慮しなければならないという点である。

なお，警察法には，警察庁長官が，警察庁の所掌事務について，都道府県警察を指揮監督することができる旨の規定（16条2項）など，警察庁の都道府県警察に対する関与の根拠となる規定がいくつか設けられている。

(3) 自治事務と法定受託事務

地方公共団体の事務の中には，本来的には国が本来果たすべき役割に係る事務が存在する。

例えば，我が国の旅券（パスポート）は外務大臣が日本国民に対して発給するものであり（旅券法），また，戸籍は日本国民であることを公証する文書であるから（戸籍法），旅券や戸籍に関連する事務は，本来的には国が果たすべき役割に係る事務であるところ，これらの法律上，旅券を交付する事務は都道府県知事が，また，戸籍の編製に関する事務は市町村長が行うものとされている。

これらの事務に限らず，地方公共団体の事務の中には，例えば国政選挙や生活保護に関する事務のように，法律上の位置付けとしては地方公共団体の固有の事務とされているものの，本来的には国が果たすべき役割に係る事務であるものが存在する。そうした事務は，実質的に見れば，本来ならば国が行うべきものを，地方公共団体が国に代わって行うものであるから，全国共通の基準により事務処理がなされなければならず，それに適合しない事務処理を行う地方公共団体に対しては，国が強力な是正措置を講じられるようにしておく必要がある。

そのため，地方自治法においては，都道府県の事務のうち，国が本来果たすべき役割に係るものであって，国においてその適正な処理を特に確保する必要があるものを法定受託事務[12]とし，法定受託事務については，本来的に都道府

---

12) 地方自治法上，法定受託事務としては，都道府県，市町村又は特別区の事務であって本来的には国の役割に係るもの（第1号法定受託事務）と，市町村又は特別区の事務であって本来的には都道府県の役割に係るもの（第2号法定受託事務）が定められている。本文における法定受託事務は，国と地方公共団体の関係に関する解説の中で用いているので，専ら第1号法定受託事務を指している。

県が行うべき事務（自治事務）よりも，国の強力な関与を認めるという仕組みが設けられている。例えば，都道府県による事務処理が法令の規定に反しているとして国がこれを是正させようとする場合，自治事務に関しては是正の要求しかできないのに対し，法定受託事務に関しては，是正の指示をすることができ，さらに，都道府県が是正の指示に従わない場合は，一定の手続を経た上で代執行[13]（国が都道府県に代わって違反の是正をすること）することすらできる。

> 都道府県の事務のうち法定受託事務に該当するものは，地方自治法の別表に法定受託事務として個別に列挙されたものに限られ，それ以外の都道府県の事務は全て自治事務であると整理されている。

都道府県公安委員会と都道府県警察の事務のほとんどは自治事務であるが，公安委員会が行う犯罪被害者等給付金に係る裁定[14]（犯給法）だけは法定受託事務とされている[15]。これは，犯罪被害者やその遺族への犯罪被害者等給付金の支給は国の事務とされているため，その裁定（支給するかどうかを決める意思決定のこと）は国が本来果たすべき役割に係るものであり，それがゆえに，同様の事案について支給するかどうかの判断が公安委員会によって分かれるべきではないことによる。

6　条例と規則

(1) 条　例

条例とは，地方公共団体が制定する自主法である。

地方公共団体は，その処理することとされている事務に関し，条例を制定することができる[16]。

条例の制定に至るまでの流れを簡単に説明すると，首長が条例案を作成の

---

13)　学問上，行政強制の一種とされている行政代執行（139頁）とは，法的な位置付けも制度趣旨も全く異なるので，混同しないようにされたい。
14)　関連事務（仮給付金の支給決定，裁定のための調査等）を含む。
15)　厳密には，オウム真理教犯罪被害者等を救済するための給付金の支給に関する法律に定められた給付金に係る裁定（関連事務を含む。）も法定受託事務とされているが，同法に基づく裁定の申請は平成22年に締め切られ，同法は事実上役目を終えている。

上，条例案を議会に提出し[17]，それが議会で可決されると，条例が成立する。もっとも，条例は，成立しただけでは効力を有せず，成立した条例が効力を有するようになるためには，条例が公布され，施行されることが必要である。

> 条例が成立した場合，議会の議長は，成立した条例を首長に送付し，首長がこれを公布する。そして，施行期日の定めがある条例は定められた日から，施行期日の定めがない条例は公布の日から起算して10日を経過した日から施行される。

条例には，条例に違反した者に対し，刑罰（2年以下の懲役若しくは禁錮，100万円以下の罰金，拘留，科料又は没収の刑）や行政罰（5万円以下の過料）を科する旨の規定を設けることができる。

(2) 条例の効力が及ぶ範囲

条例は，条例を制定した地方公共団体の区域内において効力を有し，当該区域内にいる者を拘束する。当該区域内に滞在している限り，当該地方公共団体の住民ではない者も条例による拘束を受ける。例えば，A県の住民が，B県の区域内において，B県の条例に違反する行為をした場合，当該条例に罰則が設けられていれば罰則の適用を受ける。この場合において，B県の条例を知らなかったという弁解は通用しない[18]。

(3) 条例と法令の関係

地方公共団体の条例制定権は「法令に違反しない限りにおいて」認められるものであるから，法令（ここでは，法律及び命令を指す。）に反する条例を制定することはできない。

ある条例の規定が法令に反するかどうかは，法令と条例のそれぞれの趣旨，

---

16) 法定受託事務も，自治事務と同じく地方公共団体の事務であるから，地方公共団体は，法定受託事務に関しても条例を制定することができる。
17) 地方自治法上，議員による議案の提出が認められているので（議員定数の12分の1以上の賛成が必要），いわゆる議員立法も可能である。もっとも，実際に成立する条例のほとんどは議員立法ではないと言われる。
18) 刑法38条3項は「法律を知らなかったとしても，そのことによって，罪を犯す意思がなかったとすることはできない。」と定めているところ，ここにいう「法律」には条例も含まれるからである。

目的，内容等を比較し，両者の間に矛盾・抵触があるかどうかで判断され，具体的には，以下のように理解されている。

まず，法令による規制が存在しない分野について，地方公共団体が条例で独自に規制を設けることは，法令に反しない。例えば，迷惑防止条例でスカート内の盗撮を禁ずることは，当該行為に対する法令による規制が存在しない以上，法令に反しない。

また，法令による規制が既に存在する分野について，当該法令と異なる趣旨，目的で条例による規制を行うことは，条例による規制が法令による規制を阻害しない限り，法令に反しない。例えば，銃刀法では，刃物に関する規制として，刃物の携帯のみが規制されているところ，青少年保護育成条例の中には，青少年に対する刃物の販売を規制しているものがあるが，同条例による刃物の販売規制の目的（青少年の健全育成）は，銃刀法の規制目的[19]とは全く異なる観点からのものであり，当該規制により銃刀法の規制が阻害されるとは解されないから，法令に反しない。

次に，法令による規制が既に存在する分野について，当該法令と同一の目的で条例で重ねて規制することの可否（特に，条例による規制の方が法令による規制よりも強度である場合が問題とされる。）については，法令の趣旨からして，ある分野について全国一律の規制を予定しているものと解される場合は，条例でそれより重い規制を課すことは許されない一方，法令による規制は最低限のもの（ナショナル・ミニマム）であり，条例でより厳しく規制することを排除するものでないと解される場合は，地方の実情に応じてより重い規制を条例で設けることができる。

> **発 展**　「上乗せ条例」と「横出し条例」
>
> 法令による規制が既に存在する分野について，当該法令と同一の目的で条例で重ねて規制する場合の類型には次の2つがある。
> ①法令による規制が既に存在する事項について，当該法令と同一の目的で，条例により重ねて規制する類型
> 　　この類型の条例は「上乗せ条例」と呼ばれる。例えば，ぱちんこ屋の出

---

[19]　銃刀法における刃物の携帯に関する規制（22条）は，刃物による危害の予防を目的としている（1条参照）。

店については，善良の風俗と清浄な風俗環境の保持という観点から，風営法による規制がなされているところ，これに加えて，条例でも同様の目的で規制を加える場合，当該条例は上乗せ条例に該当する。
②法令による規制が既に存在する分野ではあるが，法令により規制されていない事項について，当該法令と同一の目的で，条例により規制を定める類型
　この類型の条例は「横出し条例」と呼ばれる。例えば，児童福祉法と青少年保護育成条例は，いずれも年少者の健全育成を目的とする点で共通しているところ，前者では「児童に淫行をさせる行為」が処罰の対象とされ，児童に対して淫行をする行為は処罰の対象とされていない[20]。そのため，後者において，児童に対して淫行をする行為を処罰の対象とする場合，当該条例は横出し条例に該当する。

　「上乗せ条例」も「横出し条例」も，それが法令に反しないかどうかは，本文記載の基準により判断される。

(4) 規　　則

　首長は，国の法令に違反しない限りにおいて，その権限に属する事務に関し，規則を制定することができる。規則には，規則に違反した者に対し，行政罰（5万円以下の過料）を科する旨の規定を設けることができる。

　条例と規則の相違点は，下表のとおりである。

〈　条例と規則の違い　〉

	条　例	規　則
制定権者	議　会	首　長
対　象	地方公共団体の事務	首長の権限に属する事務
公布の要否	必　要	原則不要
罰　則	刑　罰 行政罰	行　政　罰

20）　ただし，児童に淫行をさせる行為には，他人を相手方として淫行させる場合のほか，自らその相手方となる場合も含まれる旨の判例（最決平成10年11月2日）により，現在では，条文の文言どおりの解釈はできず，大まかにいえば，立場を利用して淫行した場合は児童福祉法違反，それ以外は青少年保護育成条例違反という切り分けになっている。

> **発展** 委員会の規則制定権
>
> 　地方自治法は，首長の規則制定権を定めるほか，委員会（行政委員会）の規則制定権についても定めており，委員会は，法律の定めるところにより，国の法令や条例，首長の制定する規則に違反しない限りにおいて，その権限に属する事務に関し，規則を定めることができる。首長が制定する規則との比較におけるポイントは次のとおりである。
>   〇首長も委員会も，自らの権限に属する事務に関してのみ，規則を制定することができる。
>   〇委員会の規則は，法律の委任がある場合に限り制定することができる。
>   〇委員会の規則には，行政罰を設けることができない。
> 　公安委員会が制定する規則は，公安委員会規則と呼ばれる。なお，公安委員会規則の制定に関しては，個別法の根拠が存在するものもあるが（例：司法警察員の指定につき，刑訴法から公安委員会規則への委任），警察法に包括的な委任規定が設けられていることから，個別法の根拠がなくとも公安委員会規則を制定することができる。

7　住民の直接請求権

(1)　住民自治を実現するための制度

　直接請求権とは，国民（住民）の意思が政治や行政に反映されることを，国民（住民）が国（地方公共団体）に対して直接求める権利である。

　国政レベルではごく限定的な場面[21]でしか直接請求権が認められていないのと異なり，地方自治においては，地方のことは住民が自ら決めるという住民自治を実現する観点から，地方公共団体の運営が住民の意思に反して行われ，又は行われようとしている場合に，住民の意思を示すための手段として，地方自治法その他の法律において，多種多様な直接請求権が認められている。

---

21)　国政レベルで認められている直接請求権は，最高裁判所裁判官国民審査（憲法79条），地方自治特別法に関する住民投票（憲法95条），憲法改正に関する国民投票（憲法96条）の3つだけであり，国会議員や内閣総理大臣の解職，衆議院の解散，法律の制定・改廃といった事項については，直接請求権が認められていない。

(2) 地方自治法上の直接請求権

地方自治法上の直接請求権は，大きく分けると，①条例の制定・改廃の請求，②事務の監査請求，③議会の解散請求，④解職請求，の4つである。解職請求は，議会の議員，首長その他の主要な公務員につき行うことができ，公安委員の解職を請求することもできる。

なお，住民が直接請求権を行使しようとする場合，ごく少数の住民による権利の濫用を防ぐため，一定数の署名を集めることが行使の要件とされている。

〈 直接請求権 〉

請求の種類		必要な署名数	請求先	適法な請求があった場合の対応
条例の制定・改廃の請求		有権者総数の1/50以上	首　長	首長は議会を招集して請求を付議 →結果を公表
事務の監査請求			監査委員（注）	事務の監査を実施し，結果を公表
議会の解散請求		有権者総数の1/3以上	選挙管理委員会	住民投票を実施 →過半数の同意があった場合は解散
解職請求	議会の議員の解職請求			住民投票を実施 →過半数の同意があった場合は失職
	首長の解職請求			
	副知事，副市町村長，選挙管理委員，監査委員，公安委員の解職請求		首　長	首長は議会に請求を付議 →議員の2/3以上が出席し，その3/4以上の同意があった場合は失職

（注）監査委員は，地方公共団体に必ず置くものとされている執行機関であり，地方公共団体の財務や事業についての監査を担当する。監査委員は複数置かれるが，合議制ではなく，各委員が独任制の行政庁であるため，委員会ではない。

第3章 警　察　法

1　はじめに

　警察法は，警察の組織や所掌事務（任務）を定めた行政組織法であり，地方自治法において都道府県に設置が義務付けられている公安委員会の組織や運営について定めるほか，地方自治法においては何も定められていない都道府県警察の設置やその所掌事務についても定めている。さらに，国の警察組織である国家公安委員会や警察庁に関する規定も設けられている。

2　警察制度の変遷と現行警察法の特徴

　現行の警察法の制定に至るまでの警察制度の変遷を知っておくことは，現行警察法の特徴を理解する上で有益である。以下，その概要を，平成16年警察白書の記述[22]をベースに紹介する。

(1)　戦前の警察制度

　戦前の警察制度は，国家警察を基本としていた。また，警察組織の業務の範囲は，現在より広く，衛生，建築，労働等に関する事務も所掌していた。

(2)　旧警察法の制定

　戦後，GHQの占領政策により中央集権的な制度が見直される中で，昭和22年に旧警察法が制定された。その理念と特徴は次のとおりであった。

ア　警察の地方分権

　国家警察を基本とする制度から，市町村単位の自治体警察を基本とする制度に改められた。具体的には，全ての市及び規模の大きな町村（人口5,000人以上）は自ら警察組織を有し，国家非常事態の場合を除いて，国の指揮監督を

---

[22]　警察庁ウェブサイトに登載（https://www.npa.go.jp/hakusyo/h16/hakusho/h16/index.html）

受けないこととされた。

　なお，人口5,000人未満の町村については，国の行政組織である国家地方警察の管轄とされた。
イ　警察の民主的管理
　警察を民主的に管理し，かつ，その政治的中立性を確保するための制度として，公安委員会制度が採り入れられた。公安委員会は，国民（住民）の代表者たる委員によって構成される合議体の行政組織であり，国，都道府県[23]及び自治体警察を有する市町村に置かれ，内閣総理大臣，都道府県知事及び市町村長から独立して職権を行使することとされた。
ウ　警察の責務の限定
　警察の責務を，①国民の生命，身体及び財産の保護，②犯罪の捜査，被疑者の逮捕及び公安の維持とし，警察の活動は厳格にその責務の範囲内に限られるべきこととされた。

(3)　旧警察法の問題点
　旧警察法の施行当初から，以下のような問題が生じた。
ア　警察組織の細分化による問題
　市町村単位の自治体警察を基本とした結果，旧警察法施行の時点で1,605にも上る自治体警察が置かれ，警察活動の単位が極端に細分化された。このため，集団的又は広域的な犯罪等に対して，効率的かつ的確な対応をすることが困難となった。
イ　経費をめぐる問題
　自治体警察の経費は，特に小規模の自治体にとって重い財政負担となった。その一方，国家地方警察の管轄とされた人口5,000人未満の町村では警察経費が全額国費負担となり，均衡を失していた。
　結局，財政負担に耐えられない市町村の多くは，自治体警察を返上するに至った。旧警察法施行時点における自治体警察の数は1,605（うち町村警察は1,386）であったが，現行警察法制定直前には，自治体警察の数は402（うち町村警察は127）にまで減少した。

---

[23]　都道府県に置かれる公安委員会は，都道府県の国家地方警察の運営を管理した。

ウ 事務の性格に関する問題

　警察事務は，国家的性格と地方的性格を併有するものであるにもかかわらず，単なる地理的な区分によって，国又は地方のいずれかの性格に偏った組織により分担されることとなった。しかも，首都警察として国家的性格の強い事務を処理する警視庁に対してすら，国の関与は全くなく，経費も自治体の負担とされる一方で，国家的性格の弱い事務を処理する村落部の警察が，国の予算によって維持されるなど，矛盾のある分担であった。

(4) 現行警察法の制定

　旧警察法は，その問題点の解消を目指して繰り返し改正されたが，問題の根本的解決には至らなかったため，都道府県警察への一元化を柱とする新警察法の制定を目指すこととなり，昭和29年6月に新警察法が制定された。これが現行の警察法であり，制定から現在に至るまでの間，何度も改正が行われているが，基本的な部分は変わっていない。

(5) 現行警察法の理念と特徴

ア 警察の民主的運営の保障

　旧警察法と同じく，公安委員会制度を国と地方の双方で存続させ，警察の民主的管理と政治的中立性の確保を図ることとされた。国に置かれた国家公安委員会が警察庁を管理し，都道府県に置かれた都道府県公安委員会が都道府県警察を管理している。

イ 警察組織の能率的運営（都道府県への分権・一元化と国の限定的関与）

　警察組織の規模を，現実に発生する警察事象の処理に当たる上で合理的かつ効率的なものとするため，自治体警察の枠組みを維持しつつも，その構成単位を都道府県に改め，大都市の警察事務も都道府県警察で一元的に処理することとされた。他方，警察事務は国家的性格と地方的性格を併有しているものの，個々の事務ごとにその性格が国家的であるか地方的であるか明確に区別することは困難であることから，執行事務を行う警察組織を都道府県警察に一元化しつつ，警察庁長官の指揮監督制度，地方の警察予算の国庫支弁制度，上級幹部職員を国の職員とする地方警務官制度等を設け，一定の範囲で地方の警察運営に国が関与することとされた。

ウ　政治的中立性の確保と内閣の治安責任

　内閣は，警察行政についても国会に対して責任を負っており，警察に関連する法律案の国会への提出権等も有していることから，国家公安委員会委員長には国務大臣を充てるとともに，警察庁長官及び警視総監の任免に内閣総理大臣の承認を要することとして，内閣の治安責任の明確化が図られた。

3　都道府県の警察組織—都道府県警察

(1)　概　　説

　都道府県警察は，都道府県の区域を管轄する警察組織で，各都道府県に必ず置くものとされている（36条1項）。各都道府県警察の管轄区域は，各都道府県の区域と一致する。

　行政組織法上の位置付けとしては，都道府県公安委員会の下に置かれる行政組織である。

(2)　組　　織

　都道府県警察の組織は，警察本部と警察署から成り[24]，警察本部の長である警察本部長が都道府県警察の長である。

ア　警察本部長

　都道府県警察の長は，警視総監（東京都警察の長）と道府県警察本部長（道府県警察の長）である。横並びを考えるならば，東京都警察の長には東京都警察本部長という職名が付されて然るべきであるが，歴史的経緯に鑑み，警視総監という明治以来の伝統ある職名がそのまま現行制度に引き継がれている。

　警察法においては，道府県警察本部長のことを「警察本部長」と略称しているが（48条2項），本書では，警視総監と道府県警察本部長を合わせて「警察本部長」と呼んでいる[25]。

　警察本部長は，都道府県警察に所属する警察職員を指揮監督する。また，警

---

[24]　管轄区域内に政令指定都市が所在する道府県警察には，警察本部と警察署のほか，市警察部が置かれる。さらに，北海道警察には，4つの方面本部が置かれる。

[25]　例えば，道交法114条の2第1項においては，警視総監と道府県警察本部長を合わせて「警察本部長」と略称しているように，法令によって「警察本部長」の意味内容が異なる。本書では，執筆の便宜上，道交法の例にならっている。

察本部長は，警察本部の長でもあり，警察本部の事務を統括する。

> **発 展** **警視総監と道府県警察本部長の相違点**
>
> 　警視総監と道府県警察本部長は，行政組織法上の位置付け（都道府県警察の長であること）や権限が同じであり，職名は異なるものの，基本的には同一の職であると考えてよい。しかしながら，両者は全く同じではなく，以下の2点で異なっている。
> 1　警視総監には警視総監が充てられること。
> 　何を言っているのか分からないと思われた方もいるかもしれないが，警視総監とは，警察官の最上位の階級の名称でもあり，そのことを踏まえて上記の一文を書き換えると，「警視総監の職には，警視総監の階級にある警察官が充てられる」点が，道府県警察本部長との相違点である。すなわち，道府県警察本部長には，警視監又は警視長の階級にある警察官が充てられることから，警視総監の職は，充てられる警察官の階級で比較した場合，道府県警察本部長よりも格上ということになる。
> 2　任免につき内閣総理大臣の承認が必要とされていること
> 　警察本部長の任免は，国家公安委員会が都道府県公安委員会の同意を得て行うこととされているが，警視総監の任免には，内閣総理大臣の承認も必要とされている。警視庁は，自治体警察でありながら，首都の治安を守るという国家的性格の強い任務を有しているため，これに対する国の責任を明確化するために，内閣総理大臣が警視総監の任免に関与することとされているのである。

イ　警察本部

　都道府県警察には，本部が置かれる。東京都警察の本部は警視庁であり，道府県警察の本部は道府県警察本部である（47条1項）。歴史的経緯に鑑み，警視総監と同様に，警視庁という明治以来の伝統ある名称がそのまま現行制度に引き継がれている。本書では，警視庁と道府県警察本部を合わせて「警察本部」と呼んでいる。

　警察本部は，都道府県警察の所掌事務を担当するとともに，法律の規定に基づき公安委員会の権限とされた事務について公安委員会を補佐する（47条2項）。

　警察本部の内部組織は，条例で定められるが，政令で定める基準に従わなければならない。「政令で定める基準」として，警務部，生活安全部，刑事部，

交通部，警備部を必ず置くものとされている[26]（警察法施行令4条，別表第一）。
ウ　警察署
　都道府県警察には，警察署が置かれる。各警察署の管轄区域は，都道府県の区域を分割して割り当てられることから，都道府県の区域は必ずどこかの警察署の管轄区域に属している[27]。
　警察署は，管轄区域内の全ての警察事象に対処する[28]。
　警察署の長は，警察署長であり，警察本部長の指揮監督を受け，管轄区域内における警察の事務を処理する。また，所属の警察職員を指揮監督する。
　警察署の名称，位置及び管轄区域は，政令で定める基準に従い，条例で定める。「政令で定める基準」のうち，警察署の名称の基準は，次のとおりである（警察法施行令5条）。

〈　警察署の名称の基準　〉

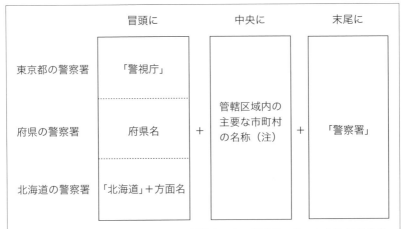

26)　人口，犯罪発生状況その他の事情により必要があるときは，総務部，地域部，公安部等を置くことができるとされている（警察法施行令別表一）。
27)　ただし，北海道に属するいわゆる北方領土（ロシアが実効支配中）については，どの警察署の管轄区域にも属していないようである。
28)　道交法114条の3において，警察署長の権限に属する同法上の事務のうち，高速自動車国道等に係るものは，都道府県公安委員会の定めるところにより，当該高速自動車国道等における交通警察に関する事務を処理する警視以上の警察官に行わせることができるとされており（高速道路交通警察隊長がこれに当たる。），これは，警察署が管轄区域内の全ての警察事象に対処するという原則に対する例外をなす。

警察署には，特別の事情[29]がない限り，警察署の業務運営に地域住民の意向を反映させるための組織として，地域住民等[30]から成る警察署協議会が置かれる（53条の2）。

> **発 展**　「遠方離島」における警察権の行使
>
> 　都道府県の区域は必ず特定の警察署の管轄区域に属しているので，我が国に多数存在する離島（周囲が100m以上のものだけでも6,847の離島が存在するとされる。）には，いわゆる北方領土に含まれる離島を除き，当該離島を管轄区域の一部とする警察署が存在する。そのため，離島を管轄区域に含む警察署は，当該離島におけるあらゆる警察事象に対処しなければならない。
>
> 　しかしながら，管轄の警察署から遠方の離島については，署員が赴くこと自体が困難である場合が少なくない。一例を挙げると，我が国の最東端に位置する南鳥島は，警視庁小笠原警察署の管轄に属するが，同警察署が所在する父島から約1,200kmも離れており，同署員が南鳥島へ赴くことは容易でない。それどころか，南鳥島と本州の最短距離は約1,800kmであり，ヘリコプターの航続距離を大きく上回っているため，警視庁の警察官が南鳥島へ赴くこと自体が極めて困難である。それゆえに，仮に，南鳥島において犯罪（例えば，外国人による不法上陸事案）が発生したとしても，警察による迅速な対処は極めて困難なのが現状である。
>
> 　そのため，海上保安庁法において，警察署や駐在所が存在せず，警察の船舶又は航空機により迅速に対処することも困難な離島（遠方離島）において犯罪が発生した場合，海上保安官が上陸して当該犯罪に対処（現行犯逮捕，逮捕の現場における令状によらない捜索・差押え等）することとされている。これは，本来は海上においてのみ警察権を行使する海上保安官の活動範囲を例外的に拡大するものである。なお，海上保安官によるそれらの措置は飽くまで一時的なものであり，海上保安官が遠方離島において逮捕した現行犯人を警察へ引き渡すことが可能になった時点で，事件そのものを警察へ引き継ぐことが想定されている。
>
> 　「遠方離島」の範囲は，警察庁と海上保安庁が協議して定めており，南鳥島の

---

29)　警察法53条の2第1項は，警察署協議会を置かないことができる「特別の事情」として，管轄区域内の人口が僅少であることを例示している。空港警察署や水上警察署が念頭に置かれている。

30)　管轄区域内の住民，管轄区域内に通勤等をする者及び管轄区域内に事務所を置き営業等の活動を行う事業者を指す。「警察署協議会の設置，委員及び運営に関するガイドライン」（平成13年1月29日付け警察庁長官官房長通達の別添）。

ほか，沖ノ鳥島（我が国の最南端，警視庁小笠原警察署の管轄）や尖閣諸島（中国が領有権を主張，沖縄県八重山警察署の管轄）などが「遠方離島」とされている。

(3) 所掌事務

都道府県警察の所掌事務には，都道府県警察の固有の事務と，都道府県公安委員会を補佐する事務がある（後者については後掲）。

都道府県警察の固有の事務については，警察法36条2項に「都道府県警察は，当該都道府県の区域につき，第2条の責務に任ずる。」と定められている。ここにいう「第2条の責務」，とりわけ同条1項に定められた「警察の責務[31]」（もう少し丁寧に表現すれば，「警察の責務」の達成に向けた活動）こそが，都道府県警察の固有の事務である。

警察法2条1項は，「個人の生命，身体及び財産の保護に任じ，犯罪の予防，鎮圧及び捜査，被疑者の逮捕，交通の取締その他公共の安全と秩序の維持に当たること」を警察の責務と定めている。

「犯罪の予防，鎮圧及び捜査，被疑者の逮捕，交通の取締」は「公共の安全と秩序の維持」を例示したものであるから，同項は，①個人の生命，身体及び財産の保護，②公共の安全と秩序の維持の2つを警察の責務として定めていることになる。

> 都道府県警察の固有の事務には，上記のほか，個別の法律において都道府県警察の権限に属せられた事務[32]が存在する（条文上は，行政庁である警察本部長の権限として規定されている。）。

---

31) （都道府県）警察の「責務」とは，（都道府県）警察の任務という意味であるが，責任を負うものという趣旨から，責務という言葉が用いられている。
32) 例えば，①反則者に対する反則金の納付の通告（道交法127条1項），②盗品等の品触れの発出（古物営業法19条1項），③つきまとい等をした者に対する警告（ストーカー規制法4条1項）が警察本部長の権限とされている（なお，②と③は警察署長の権限でもあるとされている。）。

〈 警察法2条1項の構造 〉

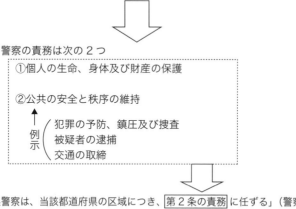

ア　個人の生命，身体及び財産の保護

　これには，個人の「生命，身体及び財産」を直接的に守ることのほか，人の行動の自由，名誉，人としての尊厳といった，個人的な法的利益を守ることも含まれる。

　具体例としては，危険な状態にある者の保護，人命救助，交通事故等の防止，交番における地理教示等が挙げられる。

> 　法人の財産の保護も「個人の」「財産の保護」に含まれる。例えば，法人が経営する店舗における万引き被害の防止のため，当該法人に対して防犯指導を行うことは，「個人の」「財産の保護」に向けた警察活動である。

イ　公共の安全と秩序の維持

　国家及び社会の公の安全と秩序を維持することを指す。条文に例示されている事項の意味と具体例は次のとおりである。

〈 「公共の安全と秩序の維持」の意義 〉

	意　義	具　体　例
犯罪の予防	犯罪を防ぐこと。特定の時点において特定の場所における犯罪の発生を防ぐ直接的な予防と、将来における犯罪の発生を防ぐ間接的な予防がある。	・警ら活動（直接的な予防） ・防犯指導、自転車の防犯登録（間接的な予防）
犯罪の鎮圧	集団的犯罪の発生を防ぐこと、又は集団的犯罪の発生後にその拡大を防止し、終息させること。	・デモ規制 ・暴徒化したデモ隊の制圧
犯罪の捜査	刑訴法には、犯罪捜査が個々の司法警察職員の権限として規定されているが、警察の責務として例示されていることで、犯罪捜査が組織である都道府県警察の所掌事務となっている。	・被疑者の取調べ ・捜索・差押え
被疑者の逮捕	被疑者（現行犯人を含む。）を逮捕すること	・通常逮捕 ・現行犯逮捕 ・緊急逮捕
交通の取締	交通の安全と秩序を維持するための道路交通の管理を目的とする活動。	・交通規制・交通違反の取締り ・交通安全教育・運転免許

　なお、行政組織法には、あらゆる行政組織は、自らの設置の根拠となる行政組織法に定められた自らの所掌事務に属する事項に関してしか権限を行使することができないという「法律による権限の分配」という原則があることについては、第1章で説明した。これに関連して、2点、補足する。
① 　警察法2条2項と「法律による権限の分配」の関係
　警察法2条は、1項において警察の責務（都道府県警察の所掌事務）を定めた上で、2項に次のような規定を置いている。
　　「警察の活動は、厳格に前項の責務の範囲に限られるべきものであって、その責務の遂行に当たっては、不偏不党且つ公平中正を旨とし、いやしくも日本国憲法の保障する個人の権利及び自由の干渉にわたる等その権限を濫用することがあってはならない。」
　このうち「警察の活動は、厳格に前項の責務の範囲に限られるべき」という部分は、「法律による権限の分配」からすれば当然のことであって、仮に当該部分がなかったとしても、都道府県警察の活動は、「前項の責務」の範囲に限られる。
　しかしながら、警察の有する執行力は強大であり、濫用のおそれがあることに鑑み、警察活動が「法律による権限の分配」から逸脱してはならないことを

強調する趣旨で，わざわざ念のためにこの規定が設けられている。

② 他の行政組織の所掌事務との関係

他の行政組織が「個人の生命，身体及び財産の保護」や「公共の安全と秩序の維持」に属すると考えられる事務を所掌する結果，所掌事務の重複が生じている例がある。それらの行政組織とは，相互に連絡を取りつつ，協力しながらそれぞれの所掌事務を遂行していくことが求められる。

〈 所掌事務の重複が生じている例 〉

海上保安庁	海上保安庁は，海上における警察活動を担当。領海はいずれかの都道府県の区域に属しているので，領海における警察活動について，海上保安庁と警察の所掌事務が重複する。
検 察 庁	検察庁は，検察官の行う事務を統括。検察官は，必要と認めるときは，自ら犯罪を捜査することができるので，犯罪捜査について，検察庁と警察の所掌事務が重複する。ただし，警察は第一次捜査機関であるから，検察庁による犯罪捜査権限の行使はあくまで補充的なもの。
特別司法警察職員	警察官は一般司法警察職員であり，あらゆる犯罪を捜査できることから，特定分野における犯罪捜査を担当する特別司法警察職員の属する行政組織とは，犯罪捜査に関して所掌事務が重複する。 (特別司法警察職員の例) 　海上保安官，自衛隊警務官，皇宮護衛官，麻薬取締官

4　都道府県の警察組織―都道府県公安委員会

(1) 組　　織

都道府県公安委員会は，都道府県に執行機関として置かれる委員会（行政委員会）の一つで，各都道府県に必ず置くものとされており（38条1項），3人（東京都及び政令指定都市を包括する道府県にあっては5人）の委員から成る（同条2項）。

都道府県公安委員会は，知事の所轄の下に置かれる（38条1項）。ここにいう「所轄」とは，行政組織法上，指揮監督権を伴わない行政組織相互の上下関係を指す語である。都道府県公安委員会は，都道府県の長たる知事を頂点とするピラミッド型の組織構造の中で，形式上は，知事の下に置かれる組織とされているが，知事から独立した執行機関であり，知事の指揮監督を受けることはない。都道府県公安委員会と知事のそうした関係が「所轄」の語によって示さ

れている。同様の理由により，都道府県に置かれる他の委員会も，知事との関係は「所轄」とされている。

〈　地方公共団体の執行機関　〉

```
                      知事
        指揮監督   ↙  ↓  ↓ … ↘
        ↓
    知事部局    公安委員会  教育委員会  ………  選挙管理委員会
                    ╰──────────所轄──────────╯

    ※ □ は都道府県の執行機関
```

(2) 委　　員

委員は，当該都道府県の議会の議員の被選挙権を有する者の中から，知事が議会の同意を得て，任命する（39条1項本文）。

ただし，政令指定都市を包括する道府県にあっては，5人の委員のうち2人は，市議会の議員の被選挙権を有する者の中から，市長が市議会の同意を得て推せんしたものについて，知事が任命する（同項ただし書）。

なお，5年以内に警察又は検察の職務を行う職業的公務員の前歴のある者を委員に任命することはできない（39条1項）。これは，警察が独善に陥ることを防ぐ趣旨とされる。つまり，あえて警察のことをよく知らない住民（各界の有識者である場合が多い。）に委員となってもらい，素人目線から警察の運営をチェックしてもらうことが期待されている。

また，警察の政治的中立性を確保する観点から，委員のうち2人以上（委員が5人の委員会にあっては3人以上）が同一の政党に所属することとなってはならない（39条3項）。委員は，政党の役員となったり，積極的に政治運動をしたりすることができない（42条3項）。

委員は，非常勤特別職の地方公務員である。委員の任期は，3年であり（40条1項），最大2回まで再任されることができる（同条2項）。

(3) 委員長

委員長は，委員の中から互選され（43条1項），都道府県公安委員会を代表し，会務を総理する（同条3項）。

任期は1年であり，再任することができる（同条2項）。

(4) 所掌事務

都道府県公安委員会の主な所掌事務は，①都道府県警察の管理と，②法律によりその権限に属させられた事務の処理である。

ア 都道府県警察の管理

都道府県公安委員会は，都道府県警察を「管理」する（38条3項）。そのため，都道府県警察による事務の遂行は，常に，都道府県公安委員会の管理の下に行われる。

都道府県公安委員会による都道府県警察の「管理」とは，都道府県警察の運営に関する大綱方針を定めるとともに，その大綱方針に沿って都道府県警察の運営が行われるよう指揮監督することを意味する。

> この指揮監督は，大綱方針に沿っているかどうかをチェックするという大局的な見地から行うものであり，指揮監督を通じて個々の事務執行に関与することは基本的に想定されていないが，個別の事案への関与がなじむ類型のものについて，個別の事案に関与することが，「管理」の概念から排除されるわけではない。
>
> 例えば，警察改革[33]の一環として行われた平成12年警察法改正により，都道府県警察が個別の事案に関して行う監察につき，調査事項などを具体的に指示することができる旨の規定が新設されたが（43条の2），この指示は「管理」の一環として行うものであることが条文上明示されている。また，不適切な職務執行が判明した場合に，都道府県警察に対して原因究明と再発防止を求めるといったことも，個別の事案に関する関与ではあるが，「管理」の一環として行うことができると解されている。

---

[33] 平成11年から12年にかけて，桶川ストーカー殺人事件（107頁）の被害者への不適切な対応など，深刻な不祥事が全国で続発したことを受けて，平成12年8月に国家公安委員会と警察庁が取りまとめた「警察改革要綱」に基づく一連の施策を指す。

イ　法律によりその権限に属させられた事務の処理

　個別の法律により，多くの権限が都道府県公安委員会の権限に属させられ，その所掌事務とされている。

　警察法においては，例えば次のような権限が都道府県公安委員会の権限とされている。
　　・都道府県公安委員会の運営に関し必要な事項を定めること（45条）
　　・都道府県警察の組織の細目的事項を定めること（58条）
　　・他の都道府県警察に対する援助の要求（60条1項）
　　・地方警務官の任免に対する同意（55条3項）
　　・警察署協議会の委員の委嘱（53条の2第3項）

　また，その他の法律において，例えば次のような権限が都道府県公安委員会の権限とされている。
　　○道交法
　　　　交通規制，運転免許，更新時講習，指定自動車教習所の指定
　　○風営法
　　　　風俗営業の許可，性風俗関連特殊営業に係る届出をした者への届出確認書の交付
　　○銃刀法
　　　　銃砲刀剣類の所持許可，練習射撃場の指定，年少射撃資格の認定

　なお，これらの事務に係る事務量は膨大であり，その全てを都道府県公安委員会が自ら行うことは事実上不可能である。このことは，運転免許の申請をした者に対して適性検査や学科試験を行い，その結果に応じて運転免許を与えたり拒否したりするという，日々大量に生ずる業務だけを考えてみても，明白である。そのため，これらの事務については，警察本部が都道府県公安委員会を補佐するものとされている[34]（47条2項，38条4項，5条5項）。

(5)　**規則制定権**

　都道府県公安委員会は，その権限に属する事務に関し，法令の委任に基づいて，規則を制定することができる(38条5項)。都道府県公安委員会が制定す

---

[34]　手続面を公安委員会に代わって行うことのほか，公安委員会に代わって実質的な意思決定をすることも，補佐に含まれる。

る規則のことを，都道府県公安委員会規則という。

> 　都道府県公安委員会規則の制定に関する法令の委任は，「～は，都道府県公安委員会規則で定める。」と明示的に規定されている場合もあるが（例えば警察法58条），「公安委員会が～定める」という形式で規定されている場合もある。
> 　後者の例としては，道路使用許可を受けなければならない行為（要許可行為）に関する委任規定が挙げられる。道交法77条1項は，要許可行為を次のように定めている。
> 　　①道路における工事，作業
> 　　②道路に石碑，銅像，広告板，アーチその他これらに類する工作物を設けること
> 　　③道路に露店，屋台店その他これらに類する店を出すこと
> 　　④一般交通に著しい影響を及ぼすような通行の形態・方法により道路を使用する行為又は道路に人が集まり一般交通に著しい影響を及ぼすような行為で，<u>公安委員会が，その土地の道路又は交通の状況により，道路における危険を防止し，その他交通の安全と円滑を図るため必要と認めて定めたもの</u>
> 　　　（※下線は著者が付したものである。）
> 　上記のうち下線を付した部分は，「公安委員会が」で始まり「定め（る）」で終わっていることから，要許可行為に該当する具体的な行為の決定を都道府県公安委員会に委任する規定である。都道府県公安委員会は，この規定を受けて，地域の実情に応じて④の要許可行為に該当する具体的な行為を決定し，都道府県公安委員会規則である道路交通法施行細則（名称がこれと異なる県もある。）の中で，④の具体的な内容について定めている。

(6) 庶　　務

　都道府県公安委員会の庶務[35]は，警察本部において処理するものとされている（44条）。

---

35)　例えば，委員会の会議の開催や，委員に対する報酬の支給に関する手続がこれに当たる。

> 　都道府県の行政委員会のうち，公安委員会以外のものについては，事務局が行政委員会の事務を補助するなど，所要の職員による補助の体制が整っているが，公安委員会には，事務局が置かれておらず，委員以外の職員は存在しない。そのため，公安委員会の管理下にある警察本部が庶務を処理するものとされている。

5　都道府県警察相互の関係

(1)　相互協力義務

　都道府県警察は，都道府県に属する行政組織であるから，相互に独立した存在である。そのため，各都道府県警察が，それぞれの管轄区域（都道府県の区域）における権限行使に専念する限りは，相互に何らの接点も生じないはずである。

　しかし，そのような「横の連携」を全く欠く状態では，広域にわたる警察事象（とりわけ広域犯罪）に対処することができない。旧警察法下の過度に細分化された市町村警察では，現行制度以上に「横の連携」を欠く問題が深刻化し，市町村警察の制度が破綻する一因になった。また，警察が取り扱う事務は，複数の都道府県に関連するものが多く，同一の案件に関し，各都道府県警察が「横の連携」なくバラバラに活動していたのでは，費用対効果も悪くなる。

　そこで，警察法は，都道府県単位の自治体警察とされていることに起因する上記のような欠点を補うために，都道府県警察は相互に協力する義務を負う旨を定めている（59条）。

(2)　援助の要求

　都道府県警察の相互協力義務を具体化したものとして，警察法60条1項は，都道府県公安委員会は他の都道府県警察[36]に対して援助の要求をすることができる旨を定めている。

　警察活動の対象となる事象の中には，地震や火山の噴火など，事前に発生を予測することができない突発的なものも含まれており，事象の規模や性質に

---

36)　「他の都道府県警察」のほか，警察庁に対しても，援助の要求をすることができるとされている。なお，警察庁に対する援助の要求は，都道府県警察の相互協力義務とは無関係の制度である。

よっては，発生した都道府県の警察が有する人員や装備のみでは対処し得ない場合もある。そのため，援助の要求の制度が設けられている。

> 援助の要求は，直面する突発的な困難を乗り越えるための暫定的な措置として，人員や装備に関する支援をお願いするものであり，人員や装備の不足分について他の都道府県警察に恒常的に依存することは，制度の趣旨に反する。そのため，要求することができる援助の内容は，人員の一時的な派遣や装備の一時的な貸与に限られる。

援助の要求により他の都道府県警察に派遣された警察官は，派遣元の都道府県公安委員会の管理下を離れ，派遣先の都道府県公安委員会の管理下に入り，警察官としての職権を行う。ただし，派遣期間中も身分的な取扱いに変更はなく，例えば，派遣期間中の給与は，派遣元の都道府県警察が属する都道府県が負担する[37]。

〈 警察法60条 〉

(3) 管轄区域外における職権行使

都道府県単位の自治体警察とされていることの帰結として，警察官は，原則として，所属する都道府県警察の管轄区域内においてしか職権を行うことがで

---

[37] これは，地方警察職員の場合である。地方警務官（82頁）については，国が給与負担者であり，派遣期間中も国が給与を負担する。

きない（64条）。しかし，この規定には「この法律に特別の定がある場合を除く外」との留保が付せられており，能率的な警察活動の実現等の観点から，警察法には，警察官が管轄区域外で職権を行うことを可能にするための規定がいくつか設けられている。その一例である援助の要求（60条1項）のほか，例えば次のような場面で，警察官は，管轄区域外において職権を行うことができる。なお，「職権を行う」とは，警職法，刑訴法その他の法令により警察官に付与されている権限を行使することを指す。

ア　広域捜査隊の活動（60条の2関係）

　経済的，社会的一体性の強い都道府県境付近の区域において発生した犯罪に即応するために，関係都府県警察が協議の上，都道府県警察の単位を越え，広域的に捜査，訓練等を行う組織として，広域捜査隊を設置している例がある。広域捜査隊の隊員は，自らが所属する都道府県警察以外の関係都道府県警察の管轄区域で職権を行うことができる。

> 【関係条文】警察法60条の2（管轄区域の境界周辺における事案に関する権限）
> 　管轄区域が隣接し，又は近接する都道府県警察は，相互に協議して定めたところにより，社会的経済的一体性の程度，地理的状況等から判断して相互に権限を及ぼす必要があると認められる境界の周辺の区域（境界から政令で定める距離までの区域に限る。）における事案を処理するため，当該関係都道府県警察の管轄区域に権限を及ぼすことができる。

イ　管轄区域の関係者に関連する事案の処理（61条関係）

　警察官は，その所属する都道府県警察の管轄区域の関係者（居住者，滞在者等）の生命，身体及び財産の保護等に関連して必要がある限度において，その管轄区域外において職権を行うことができる。例えば，管轄区域内で発生した犯罪の被疑者が他府県に居住している場合，その被疑者を他府県で逮捕することができる。また，管轄区域内の居住者が他府県で犯罪の被害に遭った場合，当該犯罪について捜査を行うことができ，その一環として他府県で捜査活動を実施することができる。

【関係条文】警察法 61 条（管轄区域外における権限）
　都道府県警察は，居住者，滞在者その他のその管轄区域の関係者の生命，身体及び財産の保護並びにその管轄区域における犯罪の鎮圧及び捜査，被疑者の逮捕その他公安の維持に関連して必要がある限度においては，その管轄区域外にも，権限を及ぼすことができる。

1　警察法 61 条の規定は，警察活動の対象は広域的性格を有するため，自らの管轄区域内における活動だけでは「警察の責務」を十分に果たせないことがある点に鑑み，一定の条件の下に，警察官が管轄区域外で職権を行使することを認めたものである。

2　警察法 61 条の規定に基づく管轄区域外における職権行使は，居住者，滞在者その他のその管轄区域の関係者の生命，身体及び財産の保護並びにその管轄区域における犯罪の鎮圧及び捜査，被疑者の逮捕その他公安の維持に「関連して必要がある限度」において許される。例えば，管轄区域内で発生した犯罪の被疑者を検挙した場合に，その者が管轄区域外で行った余罪について捜査することは，管轄区域内における事案と合理的に関連して必要な限度のものといえる。

3　警察法 61 条の規定に基づき職権を行使することができる「管轄区域外」の範囲は，我が国の領域に限られず，公海上及び外国の領域も含まれる。もっとも，外国の領域における権限の行使は，条約上の根拠がある場合など，国際法上許容される場合に限られる。

ウ　広域組織犯罪等の処理（60 条の 3 関係）

　広域にわたる連続殺人事件や，インターネットを利用した犯罪のように，性質上，その影響が全国に及ぶ事件の捜査に関しては，必要な限度において，その管轄区域外に権限を及ぼすことができる。
　また，外国で日本人がテロの被害に遭った場合，殺人罪や爆発物取締罰則違反の罪には国外犯処罰規定が存在することから，これらの適用を前提に，警察

官[38]が，事件に関連する外国の領域に赴き，事件発生現場を確認する等の活動を行うことができる。

> 【関係条文】警察法60条の3（広域組織犯罪等に関する権限）
> 　都道府県警察は，広域組織犯罪等を処理するため，必要な限度において，その管轄区域外に権限を及ぼすことができる。
>
> 　※1　「広域組織犯罪等」とは，主として次の事案を指す（警察法5条4項6号）。
> 　　　イ　全国の広範な区域において個人の生命，身体及び財産並びに公共の安全と秩序を害し，又は害するおそれのある事案
> 　　　ロ　国外において日本国民の生命，身体及び財産並びに日本国の重大な利益を害し，又は害するおそれのある事案
> 　※2　「管轄区域外」には外国の領土も含まれる。

　1　警察法60条の3は，管轄区域外における職権行使に関する総則的な規定である警察法61条に定められた職権行使の要件を，広域組織犯罪等の処理の場合について緩和するものである。
　　すなわち，61条は，「居住者，滞在者その他のその管轄区域の関係者の生命，身体及び財産の保護並びにその管轄区域における犯罪の鎮圧及び捜査，被疑者の逮捕その他公安の維持に関連して必要がある限度において」のみ，その管轄区域外において職権を行うことを認めている。
　　これに対して，広域組織犯罪等は，具体的又は抽象的な危険を広域にわたって現に生じさせている事案であるから，全国のどの都道府県警察でも広域組織犯罪等に迅速に対処することができるようにするため，警察法60条の3においては，管轄区域外における職権行使の要件を単に「必要な限度において」とのみ規定している。

---

38)　基本的には，被害者が一時的な渡航者である場合は，被害者の住所地を管轄する都道府県警察の警察官が，また，被害者が外国の永住者等である場合は，国内の最終住所地を管轄する都道府県警察の警察官が，それぞれ想定される。

2　警察法60条の3の規定に基づく管轄区域外における職権行使は，「必要な限度において」許される。これは，広域組織犯罪等の発生地等を管轄する都道府県警察だけでは対処が困難であり，自らも処理に当たる必要があると判断されることを指す。つまり，特定の都道府県警察がその処理に当たれば足りるときにまで，他の都道府県警察の警察官が管轄区域外において権限を行使できるわけではない。

3　インターネットを利用した犯罪は，全国にその影響が及んでいるから，被疑者の居住地やデータが蔵置されているサーバの所在地にかかわらず，どの都道府県警察でも捜査を行うことができる。そして，捜査の一環として，「必要な限度において」，管轄区域外で捜査活動を実施することもできる。

　例えば，サイバーパトロールで児童ポルノを発見し，捜査を開始した場合，当該児童ポルノのデータが蔵置されているサーバが管轄区域外に所在することが判明したとしても，当該サーバの所在地において捜索差押許可状を執行し，当該サーバを差し押さえたり，当該サーバに係る電磁的記録について記録命令付差押えを行ったりすることができる。

4　警察法60条の3の規定に基づき職権を行使することができる「管轄区域外」の範囲は，我が国の領域に限られず，公海上及び外国の領域も含まれる。もっとも，外国の領域における権限の行使は，条約上の根拠がある場合など，国際法上許容される場合に限られる。

エ　現行犯人の逮捕（65条関係）

　警察法65条は，警察官は，いかなる地域においても，現行犯人の逮捕に関しては，警察官としての職権を行うことができる旨を定めている。

　刑訴法を学んだ方は，「現行犯人は，何人でも，逮捕状なくしてこれを逮捕することができる」（刑訴法213条）のだからそれは当然だと思われるかもしれない。

　それはある意味ごもっともなことで，当該規定が存在する以上，警察法65

条の規定がなくとも，警察官は，管轄区域外においても，現行犯人を逮捕することができる[39]。

では何のために警察法65条の規定が存在するのか。「警察官としての職権を行う」という部分が肝であり，私人が現行犯逮捕をした場合には行うことのできない，逮捕の現場における令状によらない捜索・差押え・検証（刑訴法220条1項2号）を行うことが可能になる。

> 【関係条文】警察法65条（現行犯人に関する職権行使）
> 　警察官は，いかなる地域においても，刑事訴訟法第212条に規定する現行犯人の逮捕に関しては，警察官としての職権を行うことができる。

1　仮に，この規定が存在しなければ，管轄区域外で現行犯人を逮捕しようとする警察官に現行犯人が抵抗しても，公務執行妨害罪（刑法95条1項）の構成要件のうち「公務員が職務を執行するに当たり」の要件を欠くから，同罪は成立し得ない。しかし，この規定が存在することで，当該要件は満たされるから，管轄区域外で現行犯人を逮捕しようとする警察官に現行犯人が抵抗した場合，同罪が成立し得る。もっとも，同罪は故意犯であるから，同罪が成立するためには，現行犯人が，自分を逮捕しようとしているのは警察官であることを（少なくとも未必的に）認識していなければならない。

2　警察法61条や60条の3は，職権を行使できる範囲を「管轄区域外」としているのに対し，現行犯人の逮捕に関する職権行使は「いかなる地域においても」としており，前者には，公海上や外国の領域が含まれるのに対し，後者にはこれらが含まれないという違いがある。

オ　列車警乗等（66条関係）

関係都道府県警察の協議に基づき，複数の都道府県の区域にまたがって運行

---

39)　逮捕された現行犯人は，逮捕地を管轄する警察署へ引致されるのが基本であるから，警察官による管轄区域外における現行犯人の逮捕の場合も，同様の取扱いが基本である。

する列車に鉄道警察隊員が警乗する場合，管轄区域外を運行中であっても職権を行うことができる。例えば，警視庁の警察官が東海道新幹線に警乗している際に，泥酔者が暴れ出したときは，神奈川県内や静岡県内を運行中であっても，これを保護することができる。

また，高速道路交通警察隊は，隣接府県と協議して決められた隣接府県内のインターチェンジまで活動することができ，隣接府県内に入った後に違反車両を発見した場合，これを検挙することができる。

> 【関係条文】警察法
> （移動警察等に関する職権行使）
> 66条　警察官は，2以上の都道府県警察の管轄区域にわたる交通機関における移動警察については，関係都道府県警察の協議して定めたところにより，当該関係都道府県警察の管轄区域内において，職権を行うことができる。
> 2　警察官は，2以上の都道府県警察の管轄区域にわたる道路運送法第2条第8項に規定する自動車道及び政令で定める道路法第2条第1項に規定する道路の政令で定める区域における交通の円滑と危険の防止を図るため必要があると認められる場合においては，前項の規定の例により，当該道路の区域における事案について，当該関係都道府県警察の管轄区域内において，職権を行うことができる。

カ　緊急事態の布告が発せられた場合（73条3項関係）

緊急事態の布告とは，大規模な災害又は騒乱その他の緊急事態に際して，治安の維持のため特に必要があるときに，内閣総理大臣が，国家公安委員会の勧告に基づき，全国又は一部の区域について発する布告のことである。なお，緊急事態の布告はこれまでに一度も発せられたことがない。

緊急事態の布告が発せられると，警察庁長官は，布告に記載された区域（布告区域）を管轄する都道府県警察以外の都道府県警察に対して，布告区域その他必要な区域に警察官を派遣することを命ずることができ，これにより派遣された警察官は，派遣先において，警察官としての職権を行うことができる。

【関係条文】警察法
(布告)
71条　内閣総理大臣は，大規模な災害又は騒乱その他の緊急事態に際して，治安の維持のため特に必要があると認めるときは，国家公安委員会の勧告に基き，全国又は一部の区域について緊急事態の布告を発することができる。

2　(略)

(内閣総理大臣の統制)
72条　内閣総理大臣は，前条に規定する緊急事態の布告が発せられたときは，本章の定めるところに従い，一時的に警察を統制する。この場合においては，内閣総理大臣は，その緊急事態を収拾するため必要な限度において，長官を直接に指揮監督するものとする。

(長官の命令，指揮等)
73条　第71条に規定する緊急事態の布告が発せられたときは，長官は布告に記載された区域（以下本条中「布告区域」という。）を管轄する都道府県警察の警視総監又は警察本部長に対し，管区警察局長は布告区域を管轄する府県警察の警察本部長に対し，必要な命令をし，又は指揮をするものとする。

2　第71条に規定する緊急事態の布告が発せられたときは，長官は，布告区域を管轄する都道府県警察以外の都道府県警察に対して，布告区域その他必要な区域に警察官を派遣することを命ずることができる。

3　第71条に規定する緊急事態の布告が発せられたときは，布告区域（前項の規定により布告区域以外の区域に派遣された場合においては，当該区域）に派遣された警察官は，当該区域内のいかなる地域においても職権を行うことができる。

発展　**警察庁の警察官による警察官としての職権行使**

　国の行政組織である警察庁は，都道府県警察と異なり，管轄区域を有しないから，警察庁の警察官は，警察官でありながら，基本的に，警察官としての職

権を行うことができない。
　しかしながら、次の場合には、職権行使を根拠付ける警察法の関係規定に基づき、例外的に、警察官としての職権を行うことができる。
　①援助の要求により派遣された場合（60条1項）
　②現行犯人を逮捕する場合（65条）
　③緊急事態の布告が発せられ、布告区域等に派遣された場合（73条3項）

6　国の警察組織―警察庁

(1) 概　　説
　警察庁は、警察制度の企画立案や、国の公安に係る事案についての警察運営、警察活動の基盤である教育訓練、通信、鑑識等に関する事務、警察行政に関する調整等を担う国の警察組織である。

(2) 組　　織
　警察庁の組織は、主として内部部局と管区警察局から成り[40]、その長は警察庁長官である。
　附属機関として、科学警察研究所、警察大学校及び皇宮警察本部が置かれている。

ア　警察庁長官
　警察庁長官は、国家公安委員会の管理に服し、警察庁の庁務を統括し、所部の職員を任免し、及びその服務についてこれを統督する。また、警察庁の所掌事務について、都道府県警察を指揮監督する（16条2項）。
　警察庁長官は、国家公安委員会が内閣総理大臣の承認を得て任免する（16条1項）。

イ　内部部局
　警察庁には、内部部局として、長官官房、生活安全局、刑事局、交通局、警備局及び情報通信局が置かれ、それぞれ警察庁の所掌事務を分掌する（19条

---
40)　地方機関として、管区警察局のほか、北海道警察通信部と東京都警察通信部が置かれている。管区警察局には、出先機関として、管轄する全ての府県に府県警察通信部が置かれているが、北海道と東京都は、管区警察局の管轄区域に属していないため、通信部が警察庁直轄の地方機関とされている。

1項)。

長官官房は，警察本部の警務部（及び総務部）に相当する部署である。

ウ　管区警察局

管区警察局は，警察庁の地方機関であり，警察庁の所掌事務の一部を分掌する（30条1項）。東北，関東，中部，近畿，中国，四国，九州の各管区警察局が置かれている[41]。

管区警察局が分掌する警察庁の所掌事務には，例えば次のようなものがある。

- 複数の府県にまたがる広域犯罪の捜査に関する関係府県警察に対する指揮監督
- 高速道路における広域的な交通規制に関する関係府県警察に対する指揮監督
- 管区機動隊を編成し，大規模災害等に際し，関係府県警察に警察官を派遣すること

(3) 所掌事務

都道府県警察の所掌事務と同様に，警察庁の所掌事務には，警察庁の固有の事務とされているものと，国家公安委員会を補佐する事務がある。

警察法上，都道府県警察の固有の事務が「警察の責務」として概括的に規定されているのとは異なり，警察庁の固有の事務は，具体的に列挙する形式が採られ，26種類の事務が列挙されている（5条4項）。

それら26種類の事務は，①国が責任を負うべき事務，②国が全体を統括し一体となった対応が行われるべき事務，③都道府県警察が行うことに対して国が全国的・広域的な見地から調整する事務，の3類型に区分することができる。それぞれの具体例は以下のとおりである。

① 国が責任を負うべき事務
- 警察に関する制度の企画及び立案（1号）
- 警察に関する国の予算（2号）

41）　平成31年度の冒頭（同年度予算の成立後）に，中国管区警察局と四国管区警察局が統合されて中国四国管区警察局となり，同局に四国警察支局が設置される予定である（https://www.npa.go.jp/policies/budget/h31/h31tousyoyosan.pdf）。

- 広域組織犯罪等に対処するための警察の態勢（6号）
- 全国的な幹線道路における交通の規制（7号）
- 国際刑事警察機構，外国の警察行政機関等との連絡（9号）
- 国際捜査共助（10号）

② 国が全体を統括し一体となった対応が行われるべき事務
- 警察教養（警察教養施設の維持管理など）（17号）
- 警察通信（警察通信施設の維持管理など）（18号）
- 犯罪鑑識（犯罪鑑識施設の維持管理など）（20号）
- 犯罪統計（21号）

③ 都道府県警察が行うことに対して国が全国的・広域的な見地から調整する事務
- 警察職員の任用，勤務及び活動の基準（23号）
- 警察行政に関する調整（24号）

> 警察庁の固有の事務には，警察法に規定された上記の26種類の事務のほか，他の法律の規定に基づき警察庁の権限に属させられたものも存在する。その具体例は以下のとおりである。
> - 留置施設の巡察（刑事収容施設法19条）
> - 公安調査庁長官に対し，無差別大量殺人を行った団体につき観察処分を請求することが必要である旨の意見を述べること（団体規制法12条3項）
>
> ※これらの事務については，条文上は，行政庁である警察庁長官の権限として規定されている。

7　国の警察組織―国家公安委員会

(1) 組　　織

国家公安委員会は，内閣府の外局として，内閣総理大臣の所轄の下に置かれる委員会（行政委員会）である（4条1項）。委員長及び5人の委員から成る（同条2項）。「所轄」の意義については，知事と都道府県公安委員会の関係における「所轄」と同じである（→58頁）。

(2) 委　　員

委員は，内閣総理大臣が国会（衆参両議院）の同意を得て任命する（7条1項）。

5年以内に警察又は検察の職務を行う職業的公務員の前歴のある者を委員に任命することはできない（7条1項）。また，委員のうち3人以上が同一の政党に所属することとなってはならない（7条5項）。これらの趣旨は，都道府県公安委員会について述べたところと同じである（→59頁）。

委員は，常勤特別職の国家公務員である。委員の任期は，5年であり，1回に限り再任されることができる（8条）。

(3) 委 員 長

委員長は，国務大臣であり，委員ではない（6条1項）。委員長に国務大臣が充てられるのは，政府の治安責任を明確化するためである。

委員長は，会務を総理し，国家公安委員会を代表する（6条2項）。

(4) 所掌事務

国家公安委員会の主な所掌事務は，①警察庁の管理と，②法律によりその権限に属させられた事務の処理である。

ア　警察庁の管理

国家公安委員会による警察庁の「管理」の意義については，都道府県公安委員会による都道府県警察の「管理」の意義と同様である（→60頁）。

イ　法律によりその権限に属させられた事務の処理

個別の法律により，多くの権限が国家公安委員会の権限に属させられ，その所掌事務とされている。都道府県公安委員会の場合と同様，それらの事務については，警察庁の補佐を受けて遂行する。

警察法においては，例えば次のような権限が国家公安委員会の権限とされている。

- ・警察庁長官の任免（16条1項）
- ・地方警務官の任免（55条3項）

(5) 規則制定権

　国家公安委員会は，その権限に属する事務に関し，法令の委任に基づいて，国家公安委員会規則を制定することができる（12条）。

　国家公安委員会規則として，例えば，犯罪捜査規範，犯罪捜査共助規則，巡査長に関する規則，警察官等けん銃使用及び取扱い規範が定められている。

(6) 会　　議

　国家公安委員会の会議は，委員長が招集する。国家公安委員会は，委員長及び3人以上の委員の出席がなければ会議を開き，議決をすることができない（11条1項）。

　国家公安委員会の議事は，出席委員の過半数でこれを決し，委員長は，委員ではないから，議事に加わらない。ただし，可否同数のときは，委員長の決するところによる（11条2項）。

> 　警察法には，都道府県公安委員会の会議等に関する規定は設けられていない。「この法律に定めるものの外，都道府県公安委員会の運営に関し必要な事項は，都道府県公安委員会が定める」（45条）との委任規定に基づき，都道府県公安委員会規則において，会議の招集や定足数等に関する事項が定められている。

(7) 庶　　務

　国家公安委員会の庶務は，警察庁において処理するものとされている（13条）。その趣旨は，都道府県公安委員会の庶務について述べたところと同様である。

〈　都道府県公安委員会との比較　〉

	国家公安委員会	都道府県公安委員会
行政組織法上の位置付け	内閣総理大臣の所轄の下に置かれる 内閣府の外局 行政委員会	知事の所轄の下に置かれる 都道府県の執行機関 行政委員会

構成員	委員長と5人の委員	5人の委員（東京都，政令指定都市を包括する道府県） 3人の委員（政令指定都市を包括しない県）
委員長の任命，地位	委員長は国務大臣（委員ではない） 内閣総理大臣が任免 任期：なし（内閣総辞職による失職又は内閣改造前の辞任まで）	委員が互選（委員のうちの一人） 任期：1年（再任可）
委員の任命，地位	常勤特別職の国家公務員 内閣総理大臣が任命（国会の同意が必要） 警察法所定の事由がない限り意に反して罷免されない	非常勤特別職の地方公務員 知事が任命（議会の同意が必要） 警察法所定の事由がない限り意に反して罷免されない。ただし，住民の解職請求により解職され得る。
委員の任期	5年（1回に限り再任可）	3年（2回に限り再任可）
所掌事務	警察庁の管理 法令によりその権限とされた事務の処理（警察庁が補佐）	都道府県警察の管理 法令によりその権限とされた事務の処理（都道府県警察が補佐）

8　国が治安責任を果たすための仕組み

(1) 国が治安責任を果たす必要性

都道府県警察の事務は，そのほぼ全てが地方自治法上の自治事務とされており，住民による警察の民主的統制の観点から国家警察を廃止して自治体警察の枠組みが採られたという沿革からしても，都道府県警察の事務は，国の関与を受けることなく自律的に遂行されることが基本である。

しかしながら，国もまた，主権国家として要請される治安維持の責任を負うこと，都道府県警察の事務の中には要人警護など高度の国家的性格を帯びたものが存在すること，それにもかかわらず一部の都道府県警察が予算や人員に不足を来した場合は，当該都道府県の区域における最低限の治安水準すら維持できなくなり，高度の国家的性格を帯びた事務の遂行にも支障を来すことも懸念されること等から，国には，全国における一定の治安水準を維持し，高度の国家的性格を帯びた事務について都道府県警察が常に的確に対処できるようにするなど，一定の治安責任を果たすことが求められている。

(2) 国が治安責任を果たすための警察法上の制度

　都道府県単位の自治体警察により警察の事務が遂行されることを前提としつつ，国が一定の治安責任を果たすための警察法上の制度には，次のようなものがある。

　　①警察庁長官の都道府県警察に対する地方自治法に基づく関与よりも強い関与
　　②地方警務官は国家公務員とされ国家公安委員会が任免すること
　　③都道府県警察の警察官の定員の基準を政令で定めること
　　④都道府県警察に要する経費の一部の国庫支弁

　以下，これらについて説明する（②と③は「9　職員」において説明する）。

(3) 警察庁長官の都道府県警察に対する地方自治法に基づく関与よりも強い関与

　都道府県単位の自治体警察により警察の事務が遂行されることを前提としつつ，国が一定の治安責任を果たすことを可能にするため，警察法には，地方自治法を根拠に行うことのできる自治事務に対する国の関与の基本類型（助言・勧告，是正の勧告，資料の提出の要求，協議，是正の要求）とは別の，それらよりも強い関与を可能にする根拠規定が設けられている。

　以下，それらの根拠規定を概観するが，それらの規定に共通する条文の解釈を冒頭で示しておく。

　　①条文上，関与の主体は「警察庁長官」とされているが，これは行政庁としての警察庁長官を指すものであり，組織として見た場合は，補助機関も含めた警察庁が関与の主体である。そのため，根拠規定の概観に際しても，関与の主体を「警察庁長官」ではなく「警察庁」と表記する。
　　②条文上，関与の客体は「都道府県警察」とされているが，これには都道府県公安委員会も含まれる。

ア　警察庁の所掌事務に係る都道府県警察に対する指揮監督

　警察庁は，その所掌事務について，都道府県警察を指揮監督する（16条2項）。

> 　警察庁の所掌事務には，「警察行政に関する調整」（5条4項24号）という，都道府県警察の諸般の行政に関して国家的見地から調整を行う事務が含まれている。この調整は，警察活動の水準の全国的な均質性を確保し，あるいは効率的な事務処理が行われるようにするためのものであるが，これにより，指揮監督の対象となる都道府県警察の事務は広範なものとなっている。

イ　広域組織犯罪等に対処するための警察の態勢に係る指示

　警察庁は，広域組織犯罪等に対処するため必要があると認めるときは，都道府県警察に対し，広域組織犯罪等の処理に係る関係都道府県警察間の分担その他の広域組織犯罪等に対処するための警察の態勢に関する事項について，必要な指示をすることができる（61条の3第1項）。

　ここにいう「態勢」とは，広域組織犯罪等（広域組織犯罪と外国で発生した邦人被害に係るテロ事件）の捜査に当たる都道府県警察の範囲と役割分担を定めるなどして，全国警察を挙げた取組を可能にするための措置を指す。

ウ　緊急事態の布告が発せられた場合の指揮命令

　警察庁は，緊急事態の布告が発せられたときは，布告区域を管轄する都道府県警察の警察本部長に対し，緊急事態の収拾のために必要な命令をし，又は指揮をする（73条1項）。また，布告区域を管轄する都道府県警察以外の都道府県警察に対し，布告区域等に警察官を派遣することを命ずることもできる（同条2項）。

(4)　都道府県警察に要する経費の一部の国庫支弁

　都道府県警察は，都道府県の組織であるから，都道府県警察に要する経費は，当該都道府県が支弁するのが原則であるが（37条2項），高度の国家的性格を帯びた事務の遂行に要する経費の一部は国庫が支弁することとされている（同条1項）。

　例えば，次のような経費が国庫支弁の対象となっている。

　〈国家公務員の人件費〉
　　　地方警務官の給与

〈国が統轄する事務に要する経費〉
　警察教養施設の維持管理及び警察学校における教育訓練に要する経費
　犯罪鑑識に要する経費
　犯罪統計に要する経費
〈国家的性格を有する性質の事務に要する経費〉
　警衛及び警備に要する経費
　国の公安に係る犯罪その他特殊の犯罪の捜査に要する経費
〈法定受託事務に要する経費〉
　犯罪被害者等給付金に関する事務の処理に要する経費

> 　国庫が支弁する経費は，都道府県の予算（歳入・歳出）には含まれず，国（警察庁）が都道府県警察に対して直接配賦する。その上で，国の会計担当官とされている警察本部長等が，国（警察庁）から配賦された経費を支出する。
> 　国庫の支弁によって取得された財産や物品の所有権は国に属する（国有財産，国有物品）。もっとも，都道府県警察はそれらの財産や物品を無償で利用することができる（警察法78条1項）。
> 　都道府県警察に要する経費のうち，国庫支弁の対象とならず，都道府県が支弁するものには，地方警察職員の人件費・被服費，一般犯罪の捜査に要する経費，防犯活動に要する経費，交通警察に要する経費などがある。
> 　都道府県の支弁に係る都道府県警察に要する経費についても，予算の範囲内において，国がその一部を補助することとされている（37条3項）。国が補助するのは，警察職員を置くことに伴って必要となる経費（地方警察職員の給与費，被服費など）以外の経費，具体的には，一般の犯罪捜査，防犯活動，交通取締り等に要する経費である。補助の割合については，警察官数，犯罪の発生件数等の事項を基に，国（警察庁）が都道府県警察ごとの所要額を算出し，その2分の1を補助する（警察法施行令3条）。

9　職　　員

　警察法には，警察組織の最小構成単位である職員に関する規定が設けられている。本書では，都道府県警察の職員について説明する。

(1) 職員の種別

　都道府県警察には，警察官その他所要の職員が置かれる（55条1項）。よって，都道府県警察の職員は，「警察官」と「警察官ではない職員」に区分される。後者は，一般職員とも呼ばれる。

(2) 警察官の階級

　警察官の階級は，警視総監，警視監，警視長，警視正，警視，警部，警部補，巡査部長，巡査である（62条）。

> 1　警察庁長官は，警察官ではあるが，階級を持たない。これは，警察庁長官が最高位の警察官であることは当然のことであり，階級により上下関係を示すまでもないためであると説明されている。
>
> 2　巡査長は，勤務成績が優良であり，かつ，実務経験が豊富な巡査の一部についての呼称であり，階級ではない。ただし，巡査長には，巡査と巡査部長の間を示す巡査の階級章とは別の階級章が設けられている。
> 　司法警察職員の区分との関係では，司法警察員たる巡査長は「司法警察員巡査」であり，司法警察員でない巡査は「司法巡査」である。

　警察官は，上官の指揮監督を受け，警察の事務を執行する（63条）。警察官は，上司であるか否かにかかわらず，上官（自分よりも上位の官職にある警察官）の命令に従い一体として活動すべきものであることから，「上官の指揮を受け」るものとされている。

> 　地方公務員法32条には,「職員は,その職務を遂行するに当たって(中略)上司の職務上の命令に忠実に従わなければならない。」と規定されており,この規定は警察官にも適用される。よって,警察官は,地方公務員法に基づく上司の職務上の命令に従う義務に加え,警察法に基づく上官の指揮監督を受けて警察の事務を執行する義務を負う。

(3) 地方警務官と地方警察職員

　都道府県警察の警察官は,都道府県の職員であるから,本来ならば全員が地方公務員であるはずであるが,警視正以上の階級にある警察官については,国家公務員とされており,地方警務官と呼ばれる(56条1項)。これに対し,警視以下の階級にある警察官は,原則どおり,地方公務員であり,地方警察職員と呼ばれる(56条2項)。

　地方警務官は,国家公安委員会が任免するものとされている(49条1項,50条1項,51条4項,55条3項)。都道府県警察の行う事務は一面において国家的性格を有しているため,都道府県警察の最高幹部を国家公務員とすることで,国の治安責任を明確化するとともに,都道府県の利害にとらわれることのない国家的な見地による地方警務官の任用を可能にしている。

〈　地方警務官と地方警察職員の位置付け　〉

	国の職員	地方公共団体の職員
警察以外の組織の職員	国家公務員	地方公務員
警察職員(一般職員)		
警察官		警視正以上＝国家公務員
		警視以下＝地方公務員

※警察官以外の公務員は,国の職員＝国家公務員,地方公共団体の職員＝地方公務員である。
※太線で囲まれた部分が地方警務官,網掛けの部分が地方警察職員である。

(4) 地方警察職員たる警察官の都道府県別・階級別定員

　地方警察職員たる警察官の定員(階級別定員を含む。)は,都道府県の条例で定められている。ただし,治安水準が全国的に均衡のとれたものとして維持

される必要があることから，条例で定める警察官の定員（条例定員）は，政令で定める基準に従わなければならない（57条2項）。

「政令で定める基準」として，警察法施行令の別表第二において，都道府県警察ごとの定員の基準（政令定員）が示されている。政令定員は，各都道府県の人口，面積，犯罪発生状況その他の特殊事情等を考慮して定められている。

> 条文上，政令定員は最低基準とされていないが，政令定員は，治安水準を全国的に均衡のとれたものとして維持するための最低基準と解されている。
>
> 実際、各都道府県の条例定員は、政令定員と同じか、又は政令定員を若干上回っており、条例定員が政令定員よりも少ない都道府県は存在しない。

第3編

行政作用法

第1章　総　　　論

第2章　様々な行政作用の類型

第3章　警察官職務執行法

第 1 章　総　　論

1　はじめに

　行政作用法とは，行政が国民に対してなす作用について定めた法令の総称である。「行政作用法」という名称の法律が存在するわけではない。

> 　「作用」という形式ばった語が用いられているため，「行政作用法」という名称からその具体的な内容を思い浮かべることは難しいが，平たく言えば，行政「作用」とは，国や地方公共団体による行政活動のことである。ただし，行政の「活動」には，法律案や予算案の策定といった行政組織の内部的な活動も含まれるのに対し，「作用」は，専ら国民に向けられた活動を指し，行政組織の内部的な活動はこれに含まれないという違いがある。

　行政作用法については，次章においてその様々な類型を概観し，第 3 章で，警察関係の行政作用法の代表例であり，警察官の一般的な職務執行に関して定めた警職法について説明するが，それらに先立ち，本章では，行政作用に適用される一般的な原理原則について説明する。具体的には，行政作用に適用される最も一般的な原則である「法律による行政の原理」や「比例原則」，「平等原則」に加え，警察活動を規律する基本的な原理として整理された「警察活動上の原理」を説明する。その上で，かつて「民事不介入の原則」と呼ばれていたものと，警察権の行使に関する裁量権を規律する「裁量権収縮論」にも触れる。

2 行政法における「警察」の概念と「警察権の限界」論

(1) 「学問上の警察」と「実定法上の警察」

行政法における「警察」の概念には，「学問上の警察」と「実定法上の警察」が存在する。

「学問上の警察」とは，社会公共の秩序を維持し，その障害を排除する目的で国民に命令，強制する行政作用全般を指す。このような特質を有する行政作用は，いかなる行政組織が担当するものであっても，「学問上の警察」である。

「学問上の警察」のうち，警察以外の行政組織が担当するものには，例えば，
　○消防職員が行う破壊消防（延焼防止のために火災現場周辺の建造物を破壊する活動）
　○児童虐待の疑いがある場合における児童相談所職員による臨検・捜索
　○海上保安庁による被逮捕者の留置
　○感染症のまん延を防止するために都道府県知事が行う患者の強制入院
といったものがある。

「学問上の警察」に属する行政作用は，古くから，警察権とも呼ばれてきた。

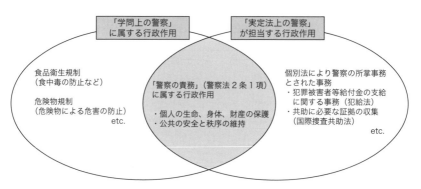

> 1　「学問上の警察」には，保健衛生に係る規制なども含まれることから，「学問上の警察」に属する行政作用は，「警察の責務」（警察法2条1項）に属する行政作用よりもはるかに広範である。
>
> 2　「学問上の警察」は，基本的には行政作用を指す語であるが，「学問上の警察」を担う行政組織を指す場合もある。

「実定法上の警察」とは，行政組織法に基づき設置された警察という組織を指す。具体的には，警察法に基づき設置された都道府県警察等の組織が「実定法上の警察」である。

〈 「学問上の警察」と「実定法上の警察」 〉

	警察組織が担当する行政作用	警察以外の行政組織が担当する行政作用	
「学問上の警察」に属する行政作用	精神錯乱者の保護，交通指導・取締り，触法少年に係る調査　etc.	破壊消防（消防），児童虐待の疑いがある場合における臨検・捜索（児相）etc.	「学問上の警察」に属する作用の多くは，警察組織の担当とされているが，警察以外の行政組織の担当とされているものも存在する。
「学問上の警察」に属さない行政作用	犯罪被害者給付金支給関係事務，国際捜査共助に必要な証拠の収集　etc.	（本書の考察対象外）	

> 「実定法上の警察」は，基本的には行政組織（警察組織）を指す語であるが，警察組織が担う行政作用を指す場合もある。

(2) 「警察権の限界」論について

警察権は，命令や強制により国民の権利や自由を制限する性質を有する上に，警察権を担う行政組織は強い執行力を有しているため，万が一，警察権が濫用されるならば，国民の権利や自由が不当に侵害されるおそれがある。そのため，行政法学においては，古くから，警察権の濫用を戒めるための理論として「警察権の限界」論が唱えられてきた。

しかし，「警察権の限界」論は，明治憲法下における警察権の統制を主眼として提唱された理論であり，「法律による行政の原理」が確立した現行憲法下においても伝統的な「警察権の限界」論を維持することはできない（さらに踏み込んで言うならば，現行憲法下では完全に意義を失っている）と考えられる。

> さらに，「警察権の限界」論というネーミング自体，「実定法上の警察」である警察組織が担当する行政作用にのみ適用される原理原則であるという誤解を生じさせかねないものであり，ネーミングそのものが，理論の維持を困難ならしめていると思う。

3　法律による行政の原理（法治主義）

(1) 意　義

行政活動は，法律に従って行わなければならない。このことを「法律による行政の原理」という（法治主義とも呼ばれる。）。「法律による行政の原理」は，国民の代表から成る国会が立法を通じて行政活動をコントロールすることにより，行政による権限の濫用や恣意的・差別的な権限行使を抑止し，もって国民の権利と自由を保障することを目的としている。

〈　法律による行政の原理　〉

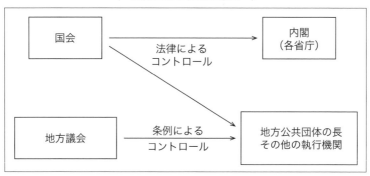

(2) 「法律の留保の原則」と侵害留保説

「法律による行政の原理」の帰結として，行政活動には法律の根拠が必要であり，法律に根拠がない行政活動は行うことができない。このことを「法律の留保の原則」という。しかしながら，「法律の留保の原則」があるからといって，あらゆる行政活動について具体的な法律の根拠（個別法の根拠）が必要であるとは考えられていない。その理由は次の2点である。

①行政活動は極めて多種多様であり，その全てについて具体的な法律の根

拠を要するとすれば，新たな行政需要に対して迅速・柔軟に対応することが困難である。

②そもそも，「法律による行政の原理」は，行政による権限の濫用や恣意を排除することで，国民の権利や自由を保障することを目的とするものであるから，国民の権利や自由を侵害する性質を有する行政活動について具体的な法律の根拠があれば十分である。

そのため，個別法の根拠を要するのは，国民の権利や自由を制限したり，国民に義務を課したりする性質を有する行政活動（本書では「侵害的行政活動」と呼ぶ。）に限られ，それ以外の行政活動，すなわち国民の権利や自由を制限したり，国民に義務を課したりする性質を有しない行政活動（本書では「非侵害的行政活動」と呼ぶ。）については，個別法の根拠がなくても行うことができると解されている。このような考え方は「侵害留保説」と呼ばれ，行政法学における通説的な考え方である。

〈 侵害留保説 〉

国民の権利や自由を制限したり，国民に義務を課したりする行政活動（侵害的行政活動）	個別法の根拠が必要（個別法の根拠がなければ行えない）
国民の権利や自由を制限したり，国民に義務を課したりしない行政活動（非侵害的行政活動）	個別法の根拠は不要（個別法の根拠がなくとも行える）

　　侵害留保説に対する有力な反対説として，あらゆる行政活動に個別法の根拠を要するとの見解（全部留保説）や，侵害留保説を基本としつつ，国民に重大な不利益を及ぼし得る行政活動など，非侵害的行政活動のうち重要なものについても個別法の根拠を必要とする見解（重要事項留保説）がある。これらの見解は，行政の幅広い領域に対する国会のコントロールを追求する観点からのものであり，傾聴に値するが，全部留保説は，日々生起する新たな行政需要に対応できない等の問題があり，また，重要事項留保説は，個別法の根拠を要するか否かの線引きを明確に行うことが困難であると考えられ，いずれも実務的には採り得ないと思われる。

なお，行政組織は，自らの所掌事務（任務）に属する事項に関してのみ権限を行使することができるという「法律による権限の分配」については既に説明した。行使しようとする権限が自組織の所掌事務（任務）に属していることは，「法律の留保の原則」からの最低限の要請でもある。

そのため，行政活動と法律の根拠の要否を考える場合は，この「法律による権限の分配」も考慮する必要があり，これと侵害留保説とを組み合わせて，行政活動と個別法の要否を図示すると，下図のようになる。

〈 「行政組織法上の制約」と「行政作用法上の制約」 〉

	行政組織法上の制約（「法律による権限の分配」からの制約）	行政作用法上の制約（侵害留保説）
国民の権利や自由を制限したり，国民に義務を課したりする行政活動（侵害的行政活動）	自らの設置の根拠となる行政組織法，その他の法律において，自らの所掌事務（任務）に属するとされていることが必要	個別法の根拠が必要（個別法の根拠がなければ行えない）
国民の権利や自由を制限したり，国民に義務を課したりしない行政活動（非侵害的行政活動）		個別法の根拠は不要（個別法の根拠がなくとも行える）

もっとも，実際には，非侵害的行政活動であるにもかかわらず個別法の根拠が設けられている事例が多数存在する。その理由は様々であるが，試みに，その具体例である警察活動を2つ取り上げ，その理由を説明する。

ア　道路使用許可（道交法 77 条 2 項）

> 前項の許可の申請（注：道路使用許可申請）があった場合において，当該申請に係る行為が次の各号のいずれかに該当するときは，所轄警察署長は，許可をしなければならない。
> （注：第1号から第3号まで省略）

許可の意義については，次章で説明するが（→ 116 頁），ここでは，一般的には禁止されている行為を行えるようにすること，と単純に理解しておこう。行政庁による許可が行われると，その相手方は，制限されていた自由を回復し，許可に係る行為を適法に行えるようになるのであるから，許可は，非侵害的行政活動（授益的な行政活動）である[42]。そうすると，侵害留保説の論理的帰結

としては，許可は個別法の根拠がなくとも行えることになる。

しかし，行政行為（許可のような，行政庁の一方的な判断により国民の権利・義務関係を変動させる行政作用のことを，行政行為という。）は，それを行うことで，国民の権利・義務関係が変動する以上，非侵害的なものも含め，法律の根拠を要すると解されている。

また，仮に，許可に関する基準等を法律で定めないとすると，行政庁による許可・不許可の判断が恣意的に行われ，不公平が生じるおそれがある。そのため，法律で，許可の基準を定めるとともに，許可の基準が満たされている申請に対しては必ず許可をすべき旨を定めることで，許可に係る事務が法律の規定に則して公正に行われるようにしている。

これらの理由から，道路使用許可に限らず，許可については必ず法律の根拠が設けられている。

> 上記の結論は，侵害的行政行為についてのみ個別法の根拠を要するとする侵害留保説の論理的帰結とは明らかに異なるが，侵害留保説の立場からも，例外的に，行政行為については，非侵害的なものも含め，個別法の根拠を要するとされる。

イ　職務質問（警職法 2 条 1 項）

> 警察官は，（中略）何らかの犯罪を犯し，若しくは犯そうとしていると疑うに足りる相当な理由のある者（中略）を停止させて質問することができる。

職務質問は，その相手方に対し，答弁を強要するものではないから，非侵害的行政活動である。そのため，仮に警職法 2 条 1 項の規定が存在しなかったとしても，職務質問を行うことは可能である。

しかしながら，職務質問は，その相手方に対し，質問が続くうちはその場に滞在しなければならないという時間的拘束や，また，質問内容を聞かなければならないことによる不快感など，一定の負担ないし不利益を与える活動であるので，警察官はどのような場合に職務質問を行えるのか（職務質問の要件）を

42）　反対に，既にした許可を取り消す処分は，許可を受けた者がそれまで有していた自由を奪う結果をもたらすことから，侵害的行政活動である。

法律で定めておいた方が，相手方も，自分がなぜ職務質問を受けるのかを理解することができ，納得しやすい。また，職務質問の要件が法律で定められていることで，警察官は，要件が満たされている場合に，自信を持って職務質問を実施することができる。このように，非侵害的行政活動であっても，権限行使の要件を法律で定めておいた方が，権限行使の主体にとっても相手方にとっても望ましいと考えられる場合には，個別法の根拠が設けられることもある。

4　比　例　原　則

　侵害的行政活動や，非侵害的行政活動であってもその相手方に対して一定の負担ないし不利益を与える性質を有するもの（職務質問など）については，権限の発動は，目的を達成するために必要な最小限度のものでなければならない。

　つまり，ある行政目的を達成するための手段として複数の選択肢が考えられる場合（その中には，権限を行使しないという選択肢や，途中で権限の行使をやめるという選択肢も含まれる。），当該目的を達成することができ，かつ，相手方である国民にとって最も穏和な（最も侵害的でない）手段を選択しなければならない。このことを，比例原則という。

　警職法1条2項は，「この法律に規定する手段は，前項の目的のため必要な最小の限度において用いるべきもの」と規定し，同法に定められた権限の行使に関して比例原則を明文化している。もっとも，比例原則は行政作用法の一般的な原則であるから，仮にこの規定がなくとも，警職法に定められた警察官の職務執行には，比例原則が適用される。

> 1　比例原則は，「警察権の限界」論において，「警察比例の原則」と呼ばれてきた。しかし，比例原則は，行政活動全般に適用される一般的な原則であるから，現在では，単に「比例原則」と呼ばれている。
>
> 2　ある権限がいかなる行政目的を達成するためのものであるかは，根拠となる行政作用法の目的規定において根本の部分が示されており，これを基準に判断する。目的規定は，行政作用法の冒頭部分（第

1条）に置かれている。以下に，警察関係の行政作用法の目的規定を抜粋しておく。

　○道交法
　　この法律は，道路における危険を防止し，その他交通の安全と円滑を図（中略）ることを目的とする。
　○風営法
　　この法律は，善良の風俗と清浄な風俗環境を保持し，及び少年の健全な育成に障害を及ぼす行為を防止する（中略）ことを目的とする。
　○銃刀法
　　この法律は，銃砲，刀剣類等の所持，使用等に関する危害予防上必要な規制について定めるものとする。
　○ストーカー規制法
　　この法律は，ストーカー行為を処罰する等ストーカー行為等について必要な規制を行う（中略）ことにより，個人の身体，自由及び名誉に対する危害の発生を防止（中略）することを目的とする。

5　平等原則

　行政活動に際しては，その相手方である国民を，同一の条件下では平等に扱わなければならない。このことを，平等原則という。行政が一部の国民を差別的に取り扱うことは，平等原則違反となる。

　　ただし，合理的な理由に基づく差別的取扱いは許される。例えば，生活保護受給者に対して運転免許関係手数料の減免措置を講じることは，経済的弱者を保護する観点からのものであり，合理性があるから，平等原則に反しない。

6　警察活動上の原理

「警察活動上の原理」とは，警察活動に適用される様々な原理原則を取りまとめたものである。その中には，「法律による行政の原理」や比例原則など，あらゆる行政活動に対して普遍的に適用される原理原則の要素も含まれているが，本書では，「警察活動上の原理」と呼ばれているもののうち，既に説明した「法律による行政の原理」，比例原則及び平等原則に含まれないものに絞って説明する。

(1)　法律の規定の厳格な解釈
【内　　容】
法律により警察に与えられた権限を行使するための要件に関する解釈は，厳格に行うことが求められる。
【解　　説】
「法律による行政の原理」は，行政に対する法律の支配を通じて，行政による権限の濫用や恣意的・差別的な権限行使を抑止し，もって国民の権利と自由を保障することを目的としているから，法律により警察に与えられた権限を行使するための要件に関する解釈は，「法律による行政の原理」に適合するよう，厳格に行うことが求められる。

例えば，法律で，警察官がある権限を行使するための要件として「必要があると認めるとき」という表現が用いられている場合，文字通り解釈するならば，警察官が主観的に「必要がある」と考えることをもって，この要件が満たされることになる。

しかし，このような解釈は，権限の濫用のおそれをはらむものであり，「法律による行政の原理」に適合するとは言えない。「必要があると認めるとき」とは，当該規定の目的に照らして，その権限を行使する必要性が客観的に備わっている（つまり，他の者から見ても権限行使の必要性が存在する）ことを指すものと解釈しなければならない。

(2) 目的外権限行使の禁止
【内　　容】
　法律により警察に与えられた権限は，特定の行政目的を実現するためのものであるから，その目的の達成に向けて行使しなければならず，他の目的のために行使することは許されない。

【解　　説】
　国会は，行政の権限を定めた法律においてその目的を定めるとともに，当該目的を達成するための手段として，行政に様々な権限を付与しているのであるから，それらの権限は，法律の目的を達成するための手段として行使されなければならない。例えば，犯罪捜査以外の行政目的を実現するための権限を，犯罪捜査のために用いることは許されない。

> 　各種の行政調査（立入検査など）について定めた規定の中には，当該権限を「犯罪捜査のために認められたものと解してはならない」との規定が添えられているものがある。「目的外権限行使の禁止」の原理が存在する以上，このことは当然の事理であるが，真実は犯罪捜査が目的であるにもかかわらず他の行政目的を装って行政調査の権限が行使されるおそれもあることから，そのような権限の濫用を防ぎ，「法律による行政の原理」が全うされるよう，国会の意思として当該規定が添えられているものと解される。

(3) 必要性のない場合の権限行使の禁止
【内　　容】
　法律により警察に与えられた権限について，形式的には行使の要件を満たしていても，実質的に見ると，権限を行使する必要がない場合は，当該権限を行使してはならない。

【解　　説】
　法律により警察に与えられた権限は，法律に定められた要件を満たす限り，適法に行使することができ，権限行使が違法となることはない。しかし，形式的には行使の要件を満たしていても，法律の趣旨や目的に照らして，権限を行使する必要がない場合は，国民の権利や自由を尊重する観点から，権限を行使

することは許されない。

この原理は，比例原則の派生的な原理と考えることもできる。

(4) 私的領域の尊重
【内　　　容】
国民の私的領域に属する事項には，警察は基本的に関与しない。
【解　　　説】
憲法35条1項は「住居の不可侵」を保障しており，また，古くから，公権力は家族関係に介入しないという「法は家庭に入らず」の原則が存在する。

さらに，近代国家における原則として，「私人間の法律関係は，個人が自主的に決定すべき事項であり，公権力はこれに介入しない。」という「私的自治の原則」が存在し，その一内容として，誰がどのような契約を結ぶかは基本的に自由であるという「契約自由の原則」も存在する。

これらのことから，警察は，国民の私的領域に属する事項には関与しないというのが基本的なスタンスとなる。

もっとも，私的領域における事象であっても，警察の責務を達成する必要から，例えば以下のような場面においては，警察が対処しなければならない。

- ○「住居の不可侵」が保障されているといえども，犯罪捜査の必要から住居に立ち入る必要があるときは，住居へ立ち入り所要の捜査を行わなければならない。
- ○「法は家庭に入らず」といえども，DVや児童虐待の事案を認知したときは，被害者の保護など，所要の対応をとらなければならない。
- ○「私的自治の原則」が存在するといえども，借金の返済を求めるに当たり，脅迫など社会的相当性を欠く手段が用いられた場合は，犯罪として捜査しなければならない。
- ○「契約自由の原則」が存在するといえども，法定金利の上限を超える高利貸しなど，違法な内容の契約が締結・履行された場合は，犯罪として捜査しなければならない。

(5) 個別法の根拠がない警察活動の限界
ア 強制にわたることの禁止
【内　　容】
　任意活動が強制にわたる（国民の自由を奪ったり権利を侵害したりするに至る）ことは，それを許容する個別法の根拠がない限り，許されない。
【解　　説】
　侵害的行政活動には個別法の根拠を要することから（侵害留保説），任意活動から始まり徐々に強制的な要素を帯びていく警察活動については，それが強制にわたった時点で，それを許容する個別法の根拠がない限り，違法となる。
　このことは，特に，職務質問を契機とする所持品検査や「留め置き」について問題となる（→152，154頁）。

イ 「警察の責務」の範囲内であること
【内　　容】
　個別法の根拠がない警察活動は，「警察の責務」（警察法2条1項）の範囲内でなければならない。
【解　　説】
　「法律による権限の分配」から，警察（都道府県警察）が，「警察の責務」（警察法2条1項）の範囲内でしか活動できないことは当然であるが，警察が行う任意活動の中には，国民に一定の不利益や負担を与えるものが存在すること等から，警察法2条2項において，「警察の活動は，厳格に前項の責務の範囲に限られるべきものであ」ることが特に明記されている。

> 　個別法で警察（都道府県警察）の権限とされている任意活動については，「警察の責務」に含まれなくとも，行うことができる。例えば，国際捜査共助法に基づく共助に必要な証拠の収集は，「警察の責務」とは何の関係もない事務であるが，同法上，都道府県警察の事務とされ，都道府県警察の司法警察員は，共助に必要な証拠の収集のため，関係人の出頭を求めてこれを取り調べることや実況見分をすることができるとされている。

> **発展** 　国際捜査共助
>
> 　国際捜査共助とは，犯罪捜査に関する外国との相互協力のことであり，国際礼譲に基づく協力（外交ルート）と二国（地域）間の刑事共助条約に基づく条約上の義務の履行としての協力（中央当局ルート）がある。
> 　我が国が当事国となる国際捜査共助には，我が国からの協力要請（我が国の刑事事件の捜査に必要な証拠が外国に存在する場合における外国に対する証拠の収集要請）と，我が国への協力要請（外国の刑事事件の捜査に必要な証拠の提供等について外国から協力を要請された場合における証拠の収集）があるが，国際捜査共助法においては，後者についてのみ定められている（前者は，任意捜査の一環であるから，個別法の根拠を要しないため）。
> 　我が国が当事国となる国際捜査共助のうち，我が国からの協力要請は，我が国の刑事事件の捜査の一環として行うものであるから，警察法2条1項に規定する「警察の責務」として列挙されたもののうち「犯罪の捜査」に含まれる。
> 　これに対し，外国の刑事事件の捜査は，「犯罪の捜査」ではなく，「警察の責務」に含まれないから，我が国に対する協力要請があった場合に我が国が採る措置（共助に必要な証拠の収集）をどの行政組織に担当させるかは，立法政策の問題である（立法府たる国会が合理的に決めればよい）ところ，国会の判断として，国際捜査共助が警察庁の所掌事務とされるとともに（警察法5条4項10号），国家公安委員会から指示を受けた都道府県警察は，共助に必要な証拠の収集を行うものとされている（国際捜査共助法6条）。

ウ　相手方の不利益を上回る公益上の必要性

【内　　容】

　個別法の根拠がない警察活動のうち，国民に不利益を与え，又は与える可能性のあるものについては，国民に与える不利益を上回るだけの責務達成上の必要性がなければならない。

【解　　説】

　個別法の根拠がない警察活動のうち，国民に不利益を与え，又は与える可能性のあるものについては，大義名分なしに行うことができず，それにより国民が被る不利益と，それにより「個人の生命，身体，財産の保護」又は「公共の安全と秩序の維持」を達成する必要性の程度を比較し，後者が前者を上回る場

合に限り，行うことができる。

　典型的には，自動車検問や所持品検査（いずれも個別法の根拠が存在しない）において問題となる原理であるが，職務質問についても問題となり得る。

　すなわち，職務質問については，その要件が個別法（警職法2条1項）で定められているが，その要件（相手方が不審者や参考人的立場の者であること）は，それにより国民が被る不利益よりも責務達成上の必要性が大きい場合を定式化したものであり，職務質問を行える場合がこれに限られることを意味するものではないから，同項の要件を満たさない場合であっても職務質問は行い得る。ただし，それが許されるのは，それにより国民が被る不利益を上回る責務達成上の必要性が存在する場合に限られるのである。

7　「民事不介入の原則」について

　警察活動においては「私的領域の尊重」が求められるから，警察は，国民の私的領域に属する事項には関与しないというのが基本的なスタンスとなる。このスタンスは，かつて，「警察権の限界」論において，「民事不介入の原則」と呼ばれていた。

　しかし，「民事不介入の原則」は，いつしか曲解され，警察が国民の私的領域に介入してはならないとの誤った認識をもたらすようになった。そのことにより，警察が本来なすべきことをせず，結果的に最悪の事態を招き，警察が強い非難にさらされたのが，平成11年に発生し，ストーカー規制法制定の契機となった，桶川ストーカー殺人事件（→107頁）である。

　同事件以降，警察が国民の私的領域に介入してはならないとの誤った認識は取り払われ，現在では，私的領域における事象であっても，警察の責務を達成する必要から，警察が対処しなければならない場合は，適切に対処がなされるようになっている。

> 　このような経緯から，「民事不介入の原則」なるものは存在しない（と考えるべきだ）との見解も主張されているが，これは極論である。なぜなら，「民事不介入の原則」は，警察活動上の原理である「私的領域の尊重」を別の角度から表現したものであり，それ自体，決して

誤っていないし，また，警察の介入が全く想定されない私的領域は現に存在するからである（例えば，金銭債権を回収するため，民事訴訟を提起し，勝訴判決を得て，それを債務名義として民事執行法に基づく強制執行を行うという過程には，その過程のどこかで犯罪が発生しない限り，警察が介入することは全く想定されない。）。「民事不介入の原則」の中身が曲解されるようになったことが問題なのである。

他方，「民事不介入の原則」が必ずしも誤りではないことを前提としつつ，この言葉を使うべきではないとの見解が存在する。この言葉が過去に曲解されたことを踏まえ，この言葉を使い続けるならば，将来において再び同様の曲解が繰り返されるではないかという懸念が背景にあると思われる。残念ながら，人間は「喉元過ぎれば熱さを忘れる」生き物であるから，著者もそうした懸念を共有する。「私的領域の尊重」という言葉で十分言い表せるのに，わざわざ「不介入」という後ろ向きな言葉を使わなくてもよいだろう。

8　裁量権収縮論

(1) 行政作用に係る「権限」と「義務」

行政作用の根拠となる法律の条文は，行政機関に対して権限を付与するものと，行政機関に対して一定の権限行使を義務付けるものに大別できる。

権限を付与する場合は，条文上，権限が発生するための要件（権限行使の要件）や権限の内容を規定した部分に「することができる。」といった文言が添えられる。職務質問について規定した警職法2条1項をその例として挙げることができる。

これに対し，一定の権限行使を義務付ける場合は，条文上，権限が発生するための要件（権限行使の要件）や権限の内容を規定した部分に「しなければならない。」といった文言が添えられる。保護について規定した警職法3条1項をその例として挙げることができる。

(2) 裁　量　権

法律により権限を付与された行政機関は，その権限を行使するか否かを自ら

判断し，決定することができる。この権能のことを，裁量権という。裁量権がある場合は，権限を行使しなくても，違法となることはない。例えば，職務質問の対象となる不審者を発見したにもかかわらず，職務質問をしないことは，職務怠慢とのそしりを受けることはあっても，違法となることはない。

　ただし，法律により行政機関が一定の権限行使を義務付けられている場合は，行政機関に裁量権はなく，権限行使の要件が満たされていれば権限を行使しなければならない。そのため，権限行使の要件が満たされているのに権限を行使しないことは，義務違反として違法性を帯びる。例えば，保護の対象となる泥酔者を発見したにもかかわらず，保護をしないことは，違法となる。

> 　ここにいう「違法」とは，刑法理論における犯罪の成立要件としての違法性ではなく，民事上の違法性を指す。典型的には，国家賠償責任の成否においてこの違法性（民事上の違法性）が問題とされる。

(3) 裁量権収縮論

　行政機関に裁量権がある場合は，権限を行使しなくても，違法となることはないのであるが，国民の生命や安全を守ることを目的とする権限について，裁量権という名の下に，権限を発動しない自由を認めてしまうと，適切に行使されるべき権限が行使されず，国民の生命や安全が損なわれる事態を招きかねない。

　そのため，法律の条文上，権限を付与する形式が採られていても，その権限が国民の生命や安全を守ることを目的とするものである場合は，国民の生命や安全に対する危険が切迫するにつれて，裁量権が収縮し，権限を行使しないという選択肢が許容されにくくなると考えられている。このような考え方を，裁量権収縮論という。

　裁量権収縮論を推し進めると，国民の生命や安全に対する危険が一定の水準に達すると，裁量権が消滅し，権限が義務に転化する。そのような状況下では，条文上は権限行使が義務付けられていないにもかかわらず，権限を行使しないことが違法となる。そうした状態は，「裁量権のゼロ収縮」と呼ばれる。

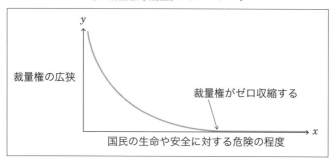

〈 裁量権収縮論のイメージ 〉

　国民の生命や安全に対する危険がいくら切迫しても，それだけで直ちに裁量権がゼロ収縮するとは考えられていない。そのような状況下において，権限を行使しないことが著しく合理性を欠く場合に初めて裁量権がゼロ収縮するとされる。
　例えば，行政機関がそうした危険の切迫を現に認識しており，かつ，行政機関が権限を発動することでその危険を除去することができるにもかかわらず，権限を発動しないことは，著しく合理性を欠くと考えられる。

　個人の生命や身体の保護を責務とする警察には，その有する権限を適切に行使して個人の生命や安全を危険から守ることが求められているから，裁量権がゼロ収縮するまで事態を放置することは決してあってはならないが，残念ながら，裁判において権限の不行使が違法とされた事例は存在する。我々は，そうした事例を他山の石としなければならない。
　以下，3つの事例を紹介しておく。本書のコンセプトを損なわないようかなり簡潔に要約しているので，分かりにくい部分があるかもしれないが，どのような場合に権限が義務に転化するのかを，読み取っていただきたい。

○ 事例1　新島ミサイル事件

（事案の概要）

新島（東京都）において，海中に大量に投棄された旧陸軍の砲弾類の一部が毎年のように海岸に漂着し，警察もその危険性を認識していたが，島民等への警告をするにとどまっていたところ，漂着した砲弾類をたき火の中に投入した島民が，砲弾類の爆発により死傷した。

（裁判所の判断[43]の要旨）

危険な事態がある場合における避難等の措置（警職法4条1項）は，警察官に権限を付与する形式で定められているが，警察は，漂着した砲弾類の危険性を認識しており，かつ，それを回収するなどして危険を除去することもできたのであるから，島民等に対して砲弾類の危険性についての警告をするだけでは足りず，更に進んで自ら又は他の機関に依頼して砲弾類を積極的に回収するなどの措置を講ずべき職務上の義務があった。それにもかかわらず，そうした措置をとらなかったことは，警察官の職務上の義務に反し，違法である。

○ 事例2　淡路スナック傷害事件

（事案の概要）

前科多数を有する男が，酒に酔った状態でスナックに入店し，ナイフを取り出して店員や客を畏怖させたため，スナックの支配人らは，男からナイフを取り上げるとともに，男を警察署へ連れて行った。しかし，警察官は，「果物の皮をむくためにナイフを所持していた。」という男の説明を信じ，男にナイフを持たせたまま帰宅させた。その後，男はスナックの支配人をナイフで切り付け，重傷を負わせた。

（裁判所の判断[44]の要旨）

銃砲刀剣類等の一時保管（銃刀法24条の2第2項）は，警察官に権限を付与する形式で定められているが，酒に酔って飲食店でナイフを振るう客を脅したとして警察署に連れてこられた者の引渡しを受けた警察官が，その者の飲食

---

[43]　最判昭和59年3月23日
[44]　最判昭和57年1月19日

店における行動などについて所要の調査をすれば容易に判明し得た事実から合理的に判断すると，その者にナイフを持たせたまま帰宅することを許せば，帰宅途中，他人の生命又は身体に危害を及ぼすおそれが著しい状況にあったというべきである。そのような中，所要の調査を怠り，ナイフについて一時保管の措置をとることなくこれを携帯させたまま帰宅させたことは，違法である。

○ 事例３ 神戸大学院生リンチ殺人事件

（事案の概要）

加害者とトラブルになったＡは，加害者側から激しい暴行を受け，加害者側の車両に押し込められた後，失神した。Ａと共に加害者側から暴行を受けたＢは，通報に基づき臨場した警察官に保護を求めた際，「Ａが車内に監禁されているかもしれない。」と告げた。しかし，警察官は，加害者らに職務質問をしたものの，車内を確認しないまま，加害者の「後で必ず交番に出頭する。」旨の言葉を信じ，全員引き上げてしまった。その後，Ａは，加害者らにより別の場所に連れて行かれて暴行を受け，別の場所に遺棄されて凍死した。

（裁判所の判断[45]の要旨）

警察官らは，加害者らに対する職務質問の際にＡの所在を問い質し，また，Ａの所在探索をして保護すべき義務を有していたものと認められ，これを怠った警察官らの行為は，不適切，不合理なものであることは明らかであり，（その他の権限不行使も含めた）一連の警察官らの権限不行使は，違法性を帯びるものと解さざるを得ない。

1　刑訴法は，犯罪捜査の手法について，いずれも「必要な取調をすることができる。」（197条1項），「逮捕することができる。」（199条1項）等と権限の形式で規定していることから，捜査機関には捜査手法の選択についての裁量権があり，特定の捜査手法を実行しないことが直ちに違法となるものではない。しかし，この裁量権に関しても，裁量権収縮論は適用され，捜査機関が危険の切迫を現に認

[45]　神戸地判平成16年12月22日

識しており，かつ，事態に応じた適切な捜査権限を発動することでその危険を除去することができるにもかかわらず，権限を発動しないような状況に至ると，裁量権がゼロ収縮し，事態に応じた適切な捜査権限を行使しないことが著しく不合理なものとなり，違法となる。桶川ストーカー殺人事件の国家賠償請求訴訟においても，裁判所は，事態に応じた適切な捜査権限の不行使を違法と評価している。

2　本書では，不作為の違法性に関し，伝統的な考え方である裁量権収縮論（裁量権のゼロ収縮）を紹介したが，実は，最近では，端的に『あまりにもひどい不作為は，裁量権の逸脱であり，違法』と考えればよいとの見解が主流になってきている。こうした最近の見解は，わざわざ裁量権収縮論など持ち出さなくても違法性を十分に判断できると考えるものであり，裁量権収縮論を否定するものではない。

本書では，裁量権収縮論は直感的で分かりやすいことから，初学者はここから入るとよいと考え，これに基づく説明を行っている。

発 展　桶川ストーカー殺人事件

（事件の概要）

A（男）とB（女）は，一時期交際していたが，BはAの言動に不信感を募らせ，別れ話を切り出したところ，Aはこれを拒絶し，交際の継続を強要するとともに，Bが別れ話を切り出すたびに，Bやその家族を加害する旨の言葉を向けた。

Bと母親は，埼玉県上尾署を訪れて被害申告を行ったが（H11.6.15)，同署員は，AらとBとの会話内容（Bが録音していたもの）を確認した結果，やり取りの内容を全体としてみれば，脅迫ないし恐喝と認めるには至らないと判断したことから，その判断を被害者らに伝えるとともに，Bらからの捜査の求めに対し，「これは事件か民事の問題か，ぎりぎりのところ。」，「民事のことに首を突っ込むと，こちらも困る。」等と述べ，応じなかった。

その後もAは，Bの自宅近辺を徘徊するなどの嫌がらせ行為を続け，Bの自宅周辺等にBを中傷する内容のビラが貼られるなどした（H11.7.13）ため（同日，実況見分を実施），Bと母親は上尾署を訪れ（H11.7.15），捜査を求めたが，

刑事第二課長は、「告訴がなければ動けない。」と応じた。そのため、Bらは告訴の意思を示したところ、同課長は、「嫁入り前の娘さんだし、裁判になればいろいろなことを聞かれて、辛い目に遭うことがいっぱいありますよ。」等と述べて告訴の受理に強い難色を示したが、再三の求めに応じ、告訴を受理した（H11.7.29）。

なお、Bが来署した両日（H11.7.15, H11.7.29）、Bに対する事情聴取が行われ、いずれかの事情聴取において、Bは、ビラに載っている自分の写真について「Aが撮影したもの」と説明した。

その後も、Bやその父親に対する中傷文書がまかれたり関係先に郵送されたりしたため、捜査を求めるため父親が上尾署を訪れると（H11.8.24）、刑事第二課長は中傷文書を見て「これはいい紙使っていますね。」等と述べ、Aの逮捕につき「それはケースバイケースです。こういうのはじっくり捜査します。警察は忙しいんですよ。」と述べた。

刑事第二課長は、告訴の受理を報告するため、本件に係る書類を整理し、上司である次長の決裁を仰いだところ（H11.8.末）、次長は、被告訴人が不詳とされた告訴状を見て「犯人が特定されていないのであれば、まず被害届を取り、捜査を進め、被疑者を特定した時点で告訴状を取ってもよかった。」等と指摘した。これを聞いた刑事第二課長は、本件について、Bから被害届の提出を受けてこれにより捜査をしていたこととすれば、告訴受理の事実を県警本部に報告する義務を回避し、告訴事件としての迅速な事件処理の義務も免れることができると考え、部下である係員に対し、「こういう場合は告訴でなく被害届でよかった。被害届を取ってきてくれ。」と指示した。

この指示を受けた係員は、Bの自宅を訪れ、Bから被害届の提出を受けた（H11.9.7）。

さらに、係員は、Bの自宅を訪れて（H11.9.21）捜査状況を母親に連絡した際、「告訴は一旦なかったことにしてもらえませんか。」といった発言をした。この発言は、既に受理された告訴の取消しを求める趣旨ではなく、そもそも告訴はなかったこととし、被害届によって捜査を進め、犯人が特定された後に改めて告訴を受理することについて、同意を求める趣旨であったが、母親は、これを告訴の取下げ要請であると理解し、拒否したところ、係員は「告訴状は犯人が捕まってからでも間に合います。また、簡単に出せますよ。」などと答えた。

Bは、JR桶川駅前で、Aの依頼を受けた者らにより殺害され（H11.10.26）、その後Aは自殺した。

(国家賠償請求訴訟の判決概要)

　Bが上尾署を初めて訪れた日（H11.6.15）からBを中傷するビラが貼られるなどした日（H11.7.13）までの間，Bの生命，身体に対する加害行為は行われておらず，また，ビラ貼りの準備行為が行われていたことを上尾署員は容易に知り得なかったから，上尾署員がAに対する事情聴取等の捜査を行わなかったことは，著しく不合理，不適切であったとは言えず，違法ではない。

　これに対し，ビラ貼り等が行われた日（H11.7.13）以降は，Bの名誉が毀損され，Bを精神的に疲弊させる悪質な嫌がらせが行われる危険が切迫した状況が継続していたと認められ，遅くとも，Bがビラの写真についてAが撮影したものと説明した時点以降は，Bに対する名誉毀損等の加害行為が行われる危険が切迫した状況にあることを知ることができたと認められる。そして，上尾署員らがAと連絡を取り，接触を図ることは，比較的容易であり，それにより名誉毀損等の被害が生じるのを回避できた可能性があったのであるから，そのような捜査活動を行わなかったことは，著しく不合理，不適切であって違法である。

　　※　ただし，Bの殺害という加害行為との関係においては，上尾署員が権限を行使すべき職務上の義務を否定し，捜査懈怠等の権限不行使による違法は認められないとした。

(上尾署刑事第二課長らによる捜査書類の改ざん等)

　B殺害後に本格的な捜査が開始された本件名誉毀損被疑事件の捜査の過程で，捜査の懈怠を隠ぺいし，糊塗するための捜査書類の改ざん等が発覚し，関与した上尾署刑事第二課長らが懲戒免職されるとともに，虚偽公文書作成罪等で有罪判決を受けた。

　判明した捜査書類の改ざん等の主なものは以下のとおりである。

　①8月に作成した供述調書について，既に受理していた告訴を最初から受理していなかったことにするため，9月3日頃，「告訴」との記載を「届出」に変えるなどし，内容虚偽の供述調書を作成。

　②7月13日に発生した自宅付近等へのビラ貼り事案について，Bの母親を立会人として実況見分を行った際，その場で母親が剥がした証拠物であるビラ8枚について，既に同種のビラ多数の提出を受けていたため，不要と考え，母親に処分を依頼した結果，廃棄されたこと（以下「ビラ領置懈怠事案」という。）に関し，翌年1月，実際には領置していないこ

れら8枚のビラを領置したとする平成11年7月13日付けの内容虚偽の領置調書を作成。

③ビラ領置懈怠事案に関し，平成12年1月，実際には8枚のビラをBの母親が廃棄したにもかかわらず，自らがビラを領置した後で廃棄したかのように記載した平成11年7月19日付けの内容虚偽の捜査報告書を作成。

④ビラ領置懈怠事案に関し，平成12年1月，実際にはこれら8枚のビラを領置していないのに，領置したとする虚偽の内容を含む実況見分調書等を作成。

第2章　様々な行政作用の類型

1　行政作用の類型と行政手続法

(1)　行政作用の類型
　行政活動は極めて多種多様であることを反映して，行政作用の類型も多岐にわたるが，主だったところを類型化すると，以下のようになる。

〈　行政作用の主な類型　〉

(2)　行政手続法
　行政手続法は，行政作用の手続面に関し，共通する事項を定めた法律である。しかし，同法が適用されるのは，行政行為，行政指導など，公正性や透明性を特に確保すべき一部の行政作用に限られている。
　そのため，本書では，同法を独立した項目としては取り上げず，適用対象となる行政作用について説明する中で，同法による規律の内容にも触れることとする。

〈　行政手続法の適用領域　〉

> **発　展**　**行政手続条例**
>
> 　各都道府県においては，各都道府県が行う行政作用の手続面に関し，共通する事項を定めた条例が存在し，行政手続条例と呼ばれる。その適用対象となる行政作用は，行政行為，行政指導など，行政手続法と同じである。
> 　行政手続法が適用される行政作用と，行政手続条例が適用される行政作用とは，行政手続法に定められた基準により区別され，公安委員会や警察署長が行う行政作用についても，行政手続法が適用されるものと行政手続条例が適用されるものが混在している。
> 　そのため，本来ならば，その区別の基準や，行政手続条例の内容についても学ばなければならないはずであるが，実は，各都道府県の行政手続条例の内容は，行政手続法と瓜二つである。それゆえに，両者の適用関係を学ぶ必要性や，行政手続条例の内容を別途学ぶ必要性は，ないといってよい。

2　行政作用の「要件」と「効果」

　行政作用のうち，個別法の根拠が設けられているものについては，その個別法において，

　　○行政作用を発動するために必要となる状況
　　○そのような状況が存在する場合に行える（行わなければならない）行政作用

の2点が定められている。前者を，行政作用発動の「要件」，後者を，要件の充足がもたらす「効果」という。例えば，法律上，「行政機関は，Aという状況が存在するときに，Bという行為をなし得る」旨が定められている場合，Aの部分が行政作用発動の要件，「Bという行為をなし得る」の部分が，要件の充足がもたらす効果である。

〈行政作用の「要件」と「効果」の例〉

	要　件	効　果
職務質問	警察官が不審者等を発見	不審者等に対する職務質問の実施（必要に応じ，移動中の不審者等を停止させることも可）
運転免許	申請＋欠格事由不該当＋試験合格	運転免許をする旨の意思決定 申請者に対する運転免許証の交付

3　行政行為の意義

　行政行為とは，行政庁の一方的な判断に基づき，その相手方（名宛人）の権利・義務関係を変動させる行政作用である。

　一般に，私人相互間では，原則として，当事者の合意により権利・義務が変動するが，行政行為は，行政庁の一方的な判断により名宛人の法的地位を変動させるものであるから，行政庁が国民よりも優越的な地位に基づき行う行政作用である。行政行為は，個別法の根拠がある場合に限り，つまり，国会が行政の優越的地位を認めた場合に限り，行うことができる。

　行政行為は，その要件と効果が根拠法で定められており，根拠法に定められた要件を満たす場合にしか行政行為をすることはできない。

> 　行政行為には，その相手方から見て授益的なものと侵害的なものがあるが，侵害留保説の立場からも，行政行為には，授益的なものも含め，全て個別法の根拠が必要とされる。

　行政行為を表す語として，法律上は「処分」の語が用いられており，これを受けて，行政法学上も，行政行為のことを「行政処分」と呼ぶ場合がある。しかしながら，警察においては，伝統的に，「行政処分」の語が，運転免許取消処分等の不利益処分を指す語として用いられており，この用法と混同するおそれがあるため，本書においては，行政行為の語を用いている。

発　展　　一般処分

　公安委員会が行う交通規制は，それが行われると，その区間（地点）を通行する車両や歩行者に，当該規制の内容に従う義務が生じることから，上述した行政行為の定義のうち「行政庁の一方的な判断に基づき」，「権利・義務関係を変動させる行政作用」という部分を満たしている。しかし，公安委員会が行う交通規制は，特定の相手方（名宛人）に対して行うものではなく，国民一般に対して行うものであり，それにより義務が生じるのは，その区間（地点）を通行する不特定多数の者であるから，行政行為ではない。公安委員会が行う交通規制のような，国民一般を対象とする行政行為類似の処分を，一般処分という。

一般処分の他の例としては，道路管理者が行う道路の公用開始行為が挙げられる。

なお，一般処分が効力を生じるためには，その内容を国民一般が知り得る状態に置くことが必要であるところ，公安委員会が行う交通規制については，標識標示主義が採られており，公安委員会の意思決定が行われ，かつ，その内容が道路標識又は道路標示により明らかにされている場合に限り，その効力が生じるものとされている。

4 行政行為の分類

行政行為については，行政法学上，様々な分類が行われているが，代表的なものは，効果の発生原因により「法律行為的行政行為」と「準法律行為的行政行為」に分ける分類法である。また，行政手続法においては，行政行為（同法上は「処分」）が「申請に対する処分」と「不利益処分」に分けられている。

(1) 「法律行為的行政行為」と「準法律行為的行政行為」

行政行為のうち，行政庁の意思表示により，その相手方の権利・義務関係を変動させるものを，法律行為的行政行為という。この名称は，意思表示を伴う行為を法律行為と呼ぶことに由来している。

これに対し，行政行為のうち，意思表示を伴わない行政庁の判断により，その相手方の権利・義務関係を変動させるものを，準法律行為的行政行為という。

法律行為的行政行為	行政行為のうち，行政庁の意思表示により，その相手方の権利・義務関係を変動させるもの
準法律行為的行政行為	行政行為のうち，意思表示を伴わない行政庁の判断により，その相手方の権利・義務関係を変動させるもの

(2) 「申請に対する処分」と「不利益処分」

行政手続法は，行政行為のうち「申請に対する処分」と「不利益処分」をその適用対象としている。

申請に対する処分	申請（行政庁の許可，免許その他の自己に対し何らかの利益を付与する処分を求める行為）に対する応答として，当該申請をした者を名宛人とする行政行為
不利益処分	行政行為のうち，特定の者を名宛人として，直接に，これに義務を課し，又はその権利を制限するもの。 ※ただし，例えば次のいずれかに該当するものを除く。 ・事実上の行為（＝準法律行為的行政行為） ・申請に対する処分に該当する行政行為 ・名宛人となるべき者の同意の下にする行政行為

「法律行為的行政行為」と「準法律行為的行政行為」の分類は，行政行為を完全に二分する分類法であり，あらゆる行政行為はそのいずれかに分類される。これに対し，「申請に対する処分」と「不利益処分」は，行政行為を完全に二分する分類法ではなく，そのいずれにも該当しない行政行為が存在する。

〈 行政行為の分類 〉

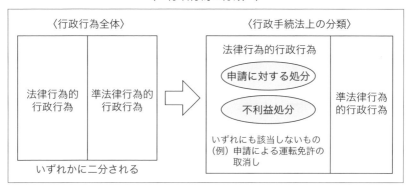

　警察関係の行政行為（法律行為的行政行為）のうち「申請に対する処分」にも「不利益処分」にも該当しないものとしては，申請による運転免許の取消しが挙げられる。これは，一般に「返納」と呼ばれているものであるが，授益的なものではないため「申請に対する処分」には該当せず，また，名宛人となるべき者がわざわざ取消しを申請している以上，名宛人となるべき者の同意の下にする行政行為であるので，「不利益処分」ともいえない。

5　行政行為の諸類型

　警察関係の行政行為の大半は，「許可」又は「下命」に分類されることから，これらを中心に，行政行為の諸類型を説明する。

⑴　許　　　可

　許可とは，社会公共の秩序を維持する観点から，一般的には禁止されている行為について，特定の場合にその禁止を解除する行政行為である。

> 　許可は，古くは「警察許可」とも呼ばれていた。しかし，許可の権限は警察以外の行政庁にも広く与えられていること（飲食店営業許可，興行場営業許可など）等の理由から，現在では，「警察許可」と呼ばれることはあまりない。

　許可を受けた者は，禁止を解除されることで，制限されていた自由を回復し，その行為を適法に行えるようになることから，許可は，授益的な性質を有する行政行為である。
　許可は，行政庁の「許可する」旨の意思表示を伴うから，法律行為的行政行為である。また，申請に対する応答として行われる授益的な行政行為であるので，行政手続法上の「申請に対する処分」に該当する。

〈　許可の位置付け　〉

　警察関係の行政行為のうち，許可に分類されるものとしては，各種営業許可（風俗営業，古物営業など），銃砲刀剣類所持許可，運転免許が挙げられる。

> 　運転免許は，道交法上は「免許」の語が用いられているが，道路交通の安全という社会公共の秩序を維持する観点から，一般的には禁止されている自動車等の運転について，同法の定める要件を満たす場合に禁止を解除するものであるから，許可に分類される。このように，行政行為については，実定法上，学問上の分類と異なる呼称が用いられている場合がある。

　許可には，人に対する許可（対人許可）と物に着目した許可（対物許可）がある。運転免許は，対人許可の典型例である。また，対物許可は，通行禁止道路通行許可[46]のように，それ自体が独立して行われる場合もあるが，①対人許可とセットで行われる場合，②物に対する「登録」という行政行為が対物許可の性質を含む場合，もある。

　①対物許可が対人許可とセットで行われる場合の例としては，風俗営業の許可や銃砲所持許可が挙げられる。例えば，風俗営業の許可は，申請者（許可を受けようとする者）が欠格事由に該当しない場合に行われるものであることから，対人許可としての性質を有する一方，営業所の構造設備や立地が風営法の定める要件に適合している場合にしか許可を行えないことから，対物許可の性質も有している。

　②物に対する「登録」という行政行為が対物許可の性質を含む場合の例としては，刀剣類について都道府県教育委員会が行う登録が挙げられる。銃刀法上，この登録が行われた刀剣類は，所持禁止の例外とされ，誰でも（暴力団員でも！）所持することができることから，この登録は，対物許可の性質を含んでいる。同様の例としては，自動車検査登録（いわゆる車検）が挙げられる。

> 　対人許可は，許可を受けた者の死亡により効力を失う。ただし，営業許可については，許可を受けた者の死亡という偶然の事情による廃業を防ぐため，相続人が一定期間内に申請すれば，相続人に対する許

---

46) 通行禁止道路通行許可（道交法 8 条 2 項）は，車庫等の保管場所に出入りするため通行する必要がある車両，身体に障害がある人を乗せて通行する必要がある車両などを対象に行う許可であるから（道交法施行令 6 条），対物許可である。

可の承継を認める例も存在する（風営法7条4項など）。

> **発展** **欠格事由**
>
> 　許可制度においては，申請者に許可を受けることができない事由が存在する場合，行政庁は，許可をしてはならないという建付けになっている場合がある。この「許可を受けることができない事由」のことを，欠格事由という。また，許可の根拠法において，欠格事由を定めた条項のことを，欠格条項という。
> 　例えば，風営法4条1項は，風俗営業許可を受けようとする者の欠格事由を列挙していることから，同項の規定は，欠格条項である。また，同項に列挙された10の欠格事由は，いずれも風俗営業を適法に行うことを類型的に期待し難い事由である点で共通している。
>
> （同項に列挙された欠格事由の例）
> ・成年被後見人若しくは被保佐人又は破産者で復権を得ないもの
> ・1年以上の懲役（禁錮）の刑に処せられ，その執行を終わった日から起算して5年を経過しない者
> ・集団的に，又は常習的に暴力的不法行為その他の罪に当たる違法な行為で国家公安委員会規則で定めるものを行うおそれがあると認めるに足りる相当な理由がある者
> ・アルコール，麻薬，大麻，あへん又は覚醒剤の中毒者
> ・風俗営業許可を取り消され，当該取消しの日から起算して5年を経過しない者
> ・未成年者

> 　行政庁の許可を要するとされている行為を無許可で行った場合，通常，許可の根拠法にはそれに対する罰則が設けられていることから，処罰の対象にはなるが，その行為が法的に無効となるわけではない。例えば，客を接待するバーを無許可で営んだ場合，風営法には無許可風俗営業に対する罰則規定が設けられていることから，処罰の対象にはなるが，客は，無許可営業であったからといって，酒食の提供や接待への対価として既に支払った代金の返還を請求することはできない。

「自由の回復」という性質を有する許可は，何人に対しても平等に与えられる必要があるから，許可の要件を満たしている者のうち，ある者に対しては許可をし，他の者に対しては許可をしないという運用は，平等原則に反し，許されない。そのため，許可の根拠法においては，許可の要件を満たす場合は必ず許可をしなければならない旨が定められている。

　このように，行政庁には，許可の要件を満たす場合に，許可をするか否かの裁量権は与えられていないのであるが，他方で，許可の基準を満たすか否かの該当性判断に関しては，裁量が存在する場合がある。

　例えば，普通免許については，18歳に満たない者であることが欠格事由とされているが（道交法88条1項1号），免許受けようとする者が18歳に満たない者であるか否かは，客観的事実として把握できる事項であり，該当性判断に公安委員会の裁量が介入する余地はない。これに対し，道路使用許可については，許可申請に係る行為が次のいずれかに該当することが許可の要件とされており，下線を付した部分は，それぞれの該当性判断に際して警察署長の裁量が存在することを示している。

- 申請に係る行為が現に交通の妨害となる<u>おそれがないと認められる</u>とき。
- 申請に係る行為が許可に付された条件に従って行われることにより交通の妨害となる<u>おそれがなくなると認められる</u>とき。
- 申請に係る行為が現に交通の妨害となるおそれはあるが公益上又は社会の慣習上<u>やむを得ないものであると認められる</u>とき。

(2) 下　　命

　下命とは，国民に対して，一定の行為をするよう命じ（作為命令），又は一定の行為をしないよう命じる（不作為命令）行政行為である。下命のうち，不作為命令のことを，特に「禁止」という。

> 　下命は，古くは「警察下命」とも呼ばれていた。しかし，下命の権限は警察以外の行政庁にも広く与えられていること（各種の営業停止命令など）等の理由から，現在では，「警察下命」と呼ばれることはあまりない。

下命は，その相手方に，一定の行為をする義務を生じさせ（作為命令の場合），又は一定の行為をする自由を相手方から奪う（不作為命令の場合）ものであるから，侵害的な性質を有する行政行為である。

下命は，行政庁の「〇〇せよ」，「〇〇してはならない」との意思表示を伴うから，法律行為的行政行為である。また，行政手続法上の「不利益処分」に該当する。

> ただし，警察官が現場でする処分は，行政手続法の適用除外とされているので，警察官が現場でする下命については，不利益処分であっても，同法は適用されない。

〈　下命の位置付け　〉

警察関係の行政行為のうち，下命に分類されるものには，例えば次のようなものがある。

〈作為命令〉
- ・風俗営業者に対する善良の風俗を害する行為等を防止するための指示（風営法）
- ・放置違反金の納付命令（道交法）
- ・銃砲刀剣類所持者に対する銃砲刀剣類の提出命令（銃刀法）
- ・危険な事態における避難等のための措置命令（警職法）

〈不作為命令〉
- ・風俗営業や店舗型性風俗特殊営業に係る営業停止命令（風営法）
- ・つきまとい等をした者に対する禁止命令（ストーカー規制法）

下命は，次のような観点から分類することもできる。
①許可に付随するもの
・風俗営業者に対する指示，風俗営業に係る営業停止命令（風営法）
・古物商に対する物品保管命令（古物営業法）
・銃砲刀剣類所持者に対する銃砲刀剣類の提出命令（銃刀法）
②一般国民に対するもの（許可に付随しないもの）
・危険な事態における避難等のための措置命令（警職法）
・放置違反金の納付命令（道交法）
・交通事故の場合の負傷者救護，危険防止のための指示・命令（道交法）
・道路上の違法工作物の除去命令（道交法）
・つきまとい等をした者に対する禁止命令（ストーカー規制法）

発 展　放置違反金

　放置違反金とは，駐車違反をした車両の使用者（車検証上の名義人）に対する行政制裁金である。駐車違反は，交通反則通告制度の対象であるから，駐車違反があった場合，まずは駐車違反を行った運転者に対する反則通告が検討されるべきであるが，駐車違反を行った車両の運転者が特定できない場合は，反則通告を行えない結果，反則金が納付されないから，車両の使用者に対する制裁として，車両の使用者に対し，放置違反金の納付を命ずることとなる。
　車両の使用者による放置違反金の支払いについては，これが確実に行われるよう，行政上の強制徴収（→141頁）が可能とされているほか，放置違反金を滞納している者が車検を受けようとしても手続が完了しないようになっている。

(3) その他の行政行為

ア　特　　許

　特許とは，私人が本来的に有しない権利を新たに付与し，又は私人との間に包括的な法律関係を設定する行政行為である。「設権行為」と呼ばれることもある。
　特許は，意思表示を伴う行政行為であるから，法律行為的行政行為である。

警察関係の行政行為のうち，特許に分類されるものとしては，犯罪被害者等給付金支給の裁定（犯給法），地方警察職員の任命（地方公務員法）が挙げられる。また，警察関係以外の行政行為のうち，特許に分類されるものの代表例としては，帰化の許可（国籍法），道路占用許可（道路法）が挙げられる。

> 犯罪被害者等給付金支給の「裁定」，警察職員の「任命」，帰化や道路占用の「許可」のように，特許に分類される行政行為には，実定法上，特許とは異なる呼称が付与されている。なお，いわゆる特許（発明に対する特許権の付与）は，「確認」に分類される行政行為である。

イ　確　　認

　確認とは，ある事項について所定の要件が満たされていることを公権的に判断する行政行為である。

　一般的な意味での確認は，所定の要件が満たされているとの判断を示すものに過ぎないが，法律上，確認が行われることで，私人の権利義務関係が変動することとされている場合は，行政行為（準法律行為的行政行為）に該当する。

　警察関係の行政行為のうち，確認に分類されるものとしては，指定暴力団の指定[47]が挙げられる。また，銃刀法に基づき都道府県教育委員会が行う刀剣類の登録も，確認に分類される行政行為である。

> 1　暴力団の指定は，暴力団[48]のうち，構成員数に占める犯罪経歴保有者数の比率が一定の比率を超えることなど一定の要件に該当するものについて，その名称や所在地等を官報で公示することにより行うものであり，当該行為の中に，暴力団の活動を規制する等の意思表示は含まれていない。しかし，指定を受けた暴力団やその構成員に対しては，暴対法上の各種規制が適用されることとなる。
>
> 2　刀剣類の登録は，日本刀について，鑑定の結果，美術品として価

---

47)　平成30年6月1日現在，六代目山口組，稲川会，住吉会など，全国で24の団体が，各公安委員会から指定暴力団として指定を受けている。
48)　暴力団は，「その団体の構成員（その団体の構成団体の構成員を含む。）が集団的に又は常習的に暴力的不法行為等を行うことを助長するおそれがある団体」と定義されている（暴対法2条2号）。

値のあるものであると判断した場合に，そのような判断の証しとして行うものであり，当該行為の中に，所持を許す等の意思表示は含まれていないが，登録を受けた刀剣類は，所持禁止の例外とされ，誰でも所持することができる。

ウ　通　　知

通知とは，特定の者に対し，特定の事実を知らせる行政行為である。

一般的な意味での通知は，行政行為ではないが，法律上，通知を受けた相手方の権利義務関係が変動することとされているものは，行政行為（準法律行為的行政行為）である。

警察関係の行政行為のうち，通知に分類されるものとしては，古物商等に対する品触れの発出が挙げられる。

品触れとは，古物商等に対して発せられる，盗品等に関する通知である。品触れを受領すると，古物商等には，受領の時点で品触れに登載された古物を所持し，又は品触れの保存期間中に品触れに登載された古物を受け取った場合に，その旨を直ちに警察官に届け出る義務が生じる。

6　行政行為の附款

行政行為の附款とは，行政行為の効果を制限するために，主たる意思表示の内容に付加される従たる意思表示のことである。例えば，運転免許に期限（有効期間）を設ける旨，あるいは普通免許の効力をAT車に限定する旨の意思表示がそれである。また，集団行進の許可に際し，蛇行の禁止など，行進の態様を制限する旨の意思表示をした場合は，それも附款である。いずれの例も，許可という行政行為に附款を付したことになる。

附款は，行政行為に付随するものである。行政行為とは無関係に，附款だけが単体で存在するということはあり得ない。

１　附款は，主たる意思表示の内容に付加される従たる意思表示であ

> るから，行政庁の意思表示を伴う行政行為，すなわち法律行為的行政行為にのみ付すことができる。
>
> 2　附款は，原則として，行政行為の根拠法に附款を付することができる旨が定められている場合にしか行うことができない。ただし，根拠法にその旨の規定がなくとも，行政庁の有する裁量権の範囲内であれば，行政行為に附款を付することが許される。

　附款の代表例は，期限である。行政行為の効力が無期限とされることは稀であり，通常は，「〇〇まで」という終期が設定されている。これを期限といい，行政行為の効力を制限する意思表示であるから附款に該当する。

　実定法上，期限以外の附款は「条件」と呼ばれている。例えば，道交法91条は「公安委員会は，道路における危険を防止し，その他交通の安全を図るため必要があると認めるときは，必要な限度において，免許に，その免許に係る者の身体の状態又は運転の技能に応じ，その者が運転することができる自動車等の種類を限定し，その他自動車等を運転するについて必要な条件を付し，及びこれを変更することができる。」と規定しているが，これは，運転免許に期限（有効期間）以外の附款（例えば，眼鏡等の着用を義務付ける旨やAT車限定の条件）を付す際の根拠規定となる。

7　行政行為をめぐる諸問題

(1)　行政行為の効力発生要件

　行政行為の効力は，原則として，行政庁の判断がその相手方に到達した時点で発生する。例えば，道路使用許可は，許可をした旨が口頭での示達等により申請者に伝わった時点で，効力を生ずる。

> 　道交法78条3項は，所轄警察署長は，道路使用許可をしたときは，許可証を交付しなければならない旨を定めているが，これは，道路使用許可をした後にしなければならないこと（＝許可証の交付）を定めたものであり，許可証の交付が許可の効力発生要件である旨を示すものではない。

ただし、特定の行為が行政行為の効力発生要件とされている場合は、例外的に、その行為がなされることにより、初めて行政行為の効力が生じる。例えば、道交法92条1項は、免許は、運転免許証を交付して行う旨を定めており、これは、運転免許証の交付が免許の効力発生要件であることを示している。

(2) 行政行為の一般的な効力

行政行為の一般的な効力としては、次の3つが重要である。

ア 公定力

行政行為は、仮に違法な点が存在するとしても、一応有効なものとして扱われる。国民（行政行為の相手方に限られない。）は、その行政行為に違法な点が存在すると考えても、これを無視することはできず、正式に取り消されるまでは、従わなければならない。行政行為が有するこのような効力のことを、公定力という。

公定力は、行政活動の円滑な遂行のために認められているものである。つまり、行政行為が違法であると考えた場合にそれに従わないことを許すならば、秩序が混乱し、行政活動を円滑に遂行することができなくなるため、行政行為に一応の有効性を認めて、これに従わせることで、そのような混乱の発生を防いでいる。

もっとも、単に違法な点が存在するというのを超えて、行政行為に重大かつ明白な瑕疵（「かし」と読み、欠点や欠陥という意味である。）が存在する場合は、その行政行為はそもそも無効であり、存在しないのと同じであるから、公定力は働かず、国民はその行政行為の存在を無視して行動してよい。

> 行政行為を正式に取り消すことができるのは、行政行為をした行政庁自身（処分庁）、処分庁の上級行政庁、裁判所である。

行政行為に重大かつ明白な瑕疵が存在	公定力は働かない。 国民はその存在を無視できる。
行政行為に重大かつ明白な瑕疵ではない瑕疵が存在	公定力が働く。 正式に取り消されるまでは、国民はそれに従わなければならない。

イ 不可争力

　行政行為の相手方は，その行政行為に不服がある場合，その効力を争うことができる。争う方法としては，
　　○行政不服審査法に基づく審査請求
　　○行政事件訴訟法に基づく取消訴訟（処分の取消しの訴え）
の２つが用意されているが，一定期間を経過すると，行政行為の相手方は，それらをすることができなくなる。行政行為が有するこのような効力のことを，不可争力という。

　不可争力は，行政行為により変動した権利義務関係を早期に安定させることで，行政活動の円滑な遂行を確保する趣旨で，認められているものである。

> 1　行政不服審査法に基づく審査請求については，原則として，行政行為があったことを知った日の翌日から起算して３か月が経過すると，することができなくなる（同法18条１項）。
> 　　行政事件訴訟法に基づく取消訴訟（処分の取消しの訴え）は，原則として，行政行為があったことを知った日から６か月が経過すると，することができなくなる（同法14条１項）。
>
> 2　不可争力は，行政行為の相手方からその効力を争う期間を制限するものである。期間の経過により，行政行為の相手方からその効力を争うことができなくなった後も，行政行為に違法な点があったとして，行政庁の側からその行政処分を取り消すことは，不可争力と抵触せず，妨げられない。

ウ 自力執行力

　行政行為の相手方がそれに従わない場合，行政機関は，裁判所を介することなく自ら実力を行使して，相手方の意思に反してでもその内容を実現することができる。

　私人間においては，例えば，契約の一方当事者が契約上の義務を履行しない場合（例えば，貸金を返済しない場合），いわゆる自力救済は禁じられているから，それを強制的に実現しようとするならば，まず民事訴訟を提起し，勝訴判決を得て，それに基づき強制執行を行い，相手方の財産を差し押さえて，こ

れを換価して貸金の返済に充てるという手順によってしか，契約上の義務を強制的に履行させることはできない。これに対し，相手方が行政行為に従わず，行政上の義務違反が生じている場合は，行政上の強制執行と呼ばれる措置（代執行，強制徴収など）により，自力で義務違反の状態を解消することができる。

自力執行力も，行政活動の円滑な遂行とそれによる公益の早期実現を可能にするために認められているものである。

> 厳密に言えば，行政行為に自力執行力が内在しているわけではなく，行政行為の根拠法とは別の，自力執行に関する個別法がある場合に限り，自力執行力が生じる。自力執行に関する個別法の例としては，代執行の一般法である行政代執行法や，国税の滞納処分について定めた国税徴収法が挙げられる。なお，行政行為に自力執行力が内在しているわけではないことを理由に，自力執行力は行政行為の一般的な効力ではないとする見解も存する。

(3) 無効な行政行為と取り消し得る行政行為

行政行為の成立に瑕疵が存在する場合，その効力については次のように考えられる。

ア 瑕疵が重大かつ明白なものである場合

瑕疵が重大かつ明白なものである場合，その行政行為は無効であり，存在しないのと同じである。そのため，公定力は働かず，何人も，その存在を無視してよい。また，不可争力や自力執行力も，当然，働かない。

> 行政行為を無視する行動に対して刑罰が設けられていても，その行政行為が無効なものである場合は，それを無視して行動しても犯罪とはならず，刑事責任を問われることはない。例えば，風俗営業に係る営業停止命令（違反に対する罰則あり）が行われたが，それが重大かつ明白な瑕疵を有する無効なものである場合は，命令の相手方である風俗営業者が命令を無視して営業を続行したとしても，命令違反とはならず，犯罪を構成しない。

イ 瑕疵が重大かつ明白なものでない場合

瑕疵が重大かつ明白なものでない場合，その行政行為には公定力が働き，ただ取り消すことができるというだけにとどまる。そのため，正式に取り消されるまでは，完全に有効なものとして扱われ，国民を拘束する。

重大かつ明白ではない瑕疵を帯びた行政行為のことを，取り消し得る行政行為という。

ウ 区別の基準

無効な行政行為と取り消し得る行政行為は，瑕疵の程度により区別される。

重大かつ明白な瑕疵の例	重大かつ明白ではない瑕疵の例
・権限のない行政庁による行政行為 　(例：公安委員会による道路使用許可) ・相手方を取り違えた行政行為 　(例：申請者以外の者に対する許可) ・法定の方式に従わない行政行為 　(例：口頭でなされた運転免許) ・内容が余りにも漠然としていて意味不明な行政行為	・平等原則に反する行政行為 　(同じ条件下で，ある者には授益的な行政行為をし，他の者にはしないような場合) ・裁量権の逸脱や濫用に当たる行政行為 　(行政行為が行政目的を達成する上で不必要であったり不適当であったりする場合)

なお，賄賂の対価として許可をする場合など，行政庁の動機に不正な要素があったとしても，そのことは行政行為の成立の瑕疵となり得ず，他の要因がない限り，無効な行政行為にも取り消し得る行政行為にもならない。

(4) 行政行為の取消しと撤回

ア 行政行為の取消し

行政行為の取消しとは，取り消し得る行政行為について，その成立に瑕疵があったことを理由として，成立の時点までさかのぼってその法律上の効力を失わせる行政行為のことである。

> 1　行政行為の取消しは，5に列挙した行政行為の諸類型に含まれていないが，それ自体，取消しの対象となる行政行為とは別個独立の行政行為である。
>
> 2　無効な行政行為についても取り消すことができるが，無効な行政行為は，もともと存在しないのと同じであり，何人もそれを無視す

> ることができるから，その取消しは，それが無効なものであったことを宣言する意味しかない。

　取り消し得る行政行為は，重大かつ明白なものではないとはいえ，瑕疵を帯びているのであるから，行政庁は，瑕疵に気付いたときは，それにより生じた権利義務の変動を解消するため，行政行為の相手方から指摘を受けていなくても，職権でこれを取り消さなければならない。
　しかし，行政行為に瑕疵が存在するか否かにつき，行政庁と行政行為の相手方との間で見解が相違する場合も少なくないところ，行政庁が，行政行為に瑕疵は存在しないと考える場合，行政庁はそれを取り消す義務を負わない。そのため，行政行為の相手方には，行政行為の効力を争う手段として，審査請求（行政不服審査法）や取消訴訟（行政事件訴訟法）の制度が設けられている。ただし，不可争力が存在することに注意を要する。

> 　行政庁は，違法な行政行為によって生じた状態を解消するため，これを取り消す義務を負うが，その瑕疵の程度に比べて，取消しによる関係者の利益を害する程度が高い場合は，当該行政行為を取り消すことができないとされている。例えば，営業許可については，軽微な瑕疵を理由に取り消すと，投下資本の回収ができなくなるなど，許可を受けた者の利益が著しく害される場合があり，そのような場合は，もはや許可を取り消すことができない。

イ　行政行為の撤回

　行政行為の撤回とは，成立時には何らの瑕疵もなかった行政行為について，その後の状況の変化等によりその効力を維持させることが公益に反する場合に，将来に向かってその効力を失わせる行政行為のことである。

> 　行政行為の撤回も，5に列挙した行政行為の諸類型に含まれていないが，それ自体，撤回の対象となる行政行為とは別個独立の行政行為である。

行政行為の撤回の例としては，運転免許の取消しが挙げられる。道交法上，運転免許の取消事由としては，違反点数の累積，道路外致死傷[49]，危険性帯有[50]などが挙げられているが，いずれも，運転免許が適法に付与されたことを前提とし，後発的な事情を理由に，危険な運転者を道路交通の場から排除するという行政目的（公益を図る目的）で，その効力を失わせるものである。しかも，取消前の運転行為まで違法とする趣旨とは解されないから（仮に取消しの効力が遡及するならば，事後的に無免許運転となってしまう！），運転免許の取消しは行政行為の撤回に該当すると解されるのである。

ややこしいのは，運転免許の取消しの例に見られるように，行政行為の撤回は，実定法上「取消し」の語が用いられており，用語の違いで行政行為の取消しと撤回を区別することができない点である。両者は，取消しが認められている趣旨や遡及効の有無で区別するしかない。

8　行政行為に対する行政手続法上の規律

行政手続法は，行政行為のうち「申請に対する処分」と「不利益処分」について，それらの権限が適切に行使されるよう，手続面におけるルールを定めている。その概要は以下のとおりである。

(1) 申請に対する処分に関するルール

申請に対する処分に関するルールの根本は，行政庁による時間稼ぎは許されないという点と，透明性が確保されなければならないという点である。

ア　遅滞のない審査の開始（行政手続法7条）

行政庁は，申請がその事務所に到達したときは，遅滞なく当該申請の審査を開始しなければならない。

この場合において，法令に定められた申請の形式と要件に適合しない申請については，速やかに，申請者に対して相当の期間を定めて当該申請の補正を求

---

[49] 大型商業施設の駐車場等の道路外で死傷事件を起こしても，点数は付加されず，違反点数の累積による取消しの対象とはならないが，事故を起こした運転者の危険性に鑑み，運転免許の取消事由とされている（道交法103条1項7号）。
[50] 自動車等を運転することが著しく道路における交通の危険を生じさせるおそれがあることを指し（道交法103条1項8号），例えば，あおり運転をした場合がこれに当たる。

めるか，又は当該申請により求められた許認可等を拒否しなければならない。

> 「法令に定められた申請の形式と要件に適合しない」とは，例えば，申請書の記載に不備があること，申請書に必要な書類が添付されていないこと，申請をすることができる期間を経過していることである。

イ　標準処理期間の設定及び公表（行政手続法6条）

　行政庁は，申請がその事務所に到達してから当該申請に対する処分をするまでに通常要すべき標準的な期間（標準処理期間）を定めるよう努めるとともに，これを定めたときは，事務所における備付け等の方法により公にしておかなければならない。

> 1　標準処理期間を定めることは努力義務とされている一方，定めた標準処理期間の公表は，努力義務ではなく義務とされている。
>
> 2　標準処理期間は，飽くまで申請の処理に要する「標準的な」期間を定めるものである。審査に時間を要する複雑な内容の申請について，申請から申請に対する処分までの期間が標準処理期間を大きく上回ることも，当然，あり得る。
>
> 3　都道府県公安委員会が行う申請に対する処分に係る標準処理期間は，行政庁である各都道府県公安委員会により定められているが，警察庁は，各都道府県における標準処理期間に大きなバラツキが生じないよう，調整の観点から，後述する「モデル審査基準」において，都道府県公安委員会に対し，標準処理期間のモデルを示している。

ウ　審査基準の設定及び公表（行政手続法5条）

　申請に対する処分の基準は，許可の要件等の形で根拠法に示されているが，「認められる」，「認めた場合」等の表現で行政庁の裁量に委ねられている部分も存在する。そのような場合，行政庁がいかなる基準で裁量に基づく判断をするかを自ら定めておかないと，裁量権の逸脱や濫用につながりかねない。そのため，行政庁は，申請に対する処分に係る審査基準を定めるものとされている。

また，審査基準を定めるに当たっては，行政処分の性質に照らしてできる限り具体的なものとしなければならないとされている。

また，審査基準を定めたとしても，それが公にならない限り，申請者にとっては中身の分からないブラックボックスであり，透明性が確保されたことにならないので，審査基準については，公表が義務付けられている。

> 1　審査基準については，定めることも公表することも，努力義務ではなく義務とされている。
>
> 2　都道府県公安委員会が行う申請に対する処分に係る審査基準は，行政庁である各都道府県公安委員会により定められているが，警察庁は，各都道府県における審査基準に大きなバラツキが生じないよう，調整の観点から，「モデル審査基準」を策定して都道府県公安委員会に示している。

エ　拒否する場合の理由提示（行政手続法8条）

行政庁は，申請に係る行政行為を拒否する処分をする場合は，申請者に対し，同時に，その理由を示さなければならない。

(2)　不利益処分に関するルール

不利益処分に関するルールの根本は，相手方に言い分を述べる機会が与えられなければならない点と，透明性が確保されなければならないという点である。

> 警察官が現場でする処分は，行政手続法の適用除外とされているので，警察官が現場でする不利益処分に同法は適用されない。例えば，危険な事態における避難等のための措置命令（警職法4条1項）には，適用されない。

ア　理由の提示

行政庁は，不利益処分をする場合には，その名宛人に対し，同時に，その理由を示さなければならない。

イ　処分基準の設定及び公表（行政手続法 12 条）

　行政庁は，処分基準を定め，かつこれを公にしておくよう努めなければならない。また，行政庁は，処分基準を定めるに当たっては，当該不利益処分の性質に照らしてできる限り具体的なものとしなければならない。

> 　処分基準については，定めることも公表することも，努力義務とされている。

ウ　意見陳述の手続

　不利益処分の名宛人となるべき者に対しては，原則として，事前に処分の内容及び理由を知らせた上で，意見陳述の機会を与えなければならない。

　行政手続法上，意見陳述の方法として，「聴聞」と「弁明の機会の付与」が定められている。

　聴聞は，口頭審理による手厚い手続であるのに対し，弁明の機会の付与は，書面審理による簡素な手続である。聴聞は，許可の取消し等の不利益の度合いが高い不利益処分をする際に行う一方，弁明の機会の付与は，不利益の度合いが低い不利益処分をする際に行うものとされている。

　行政手続法には，聴聞や弁明の機会の付与の具体的な手続が定められているが，初学者が立ち入るべき領域ではないと考えることから，本書では説明を省略する。

> 　道交法や風営法などには，行政手続法が定める基準だと弁明の機会の付与で足りる不利益処分について，聴聞や聴聞類似の手続を行う旨の特例が設けられている。それらはいずれも，行政手続法の制定前から定められていたものであり，行政手続法が制定されたことにより，口頭審理であったものが書面審理となることのないよう，行政手続法の定める手続より手厚い手続として，同法の制定後も温存されたものである。
> 　例えば，道交法においては，運転免許の取消しや効力の停止など，点数制度に基づく不利益処分を行う場合の手続として，「意見の聴取」という名称の口頭審理の手続が定められている。行政手続法が定める

> 基準では、これらの不利益処分を行う際の意見陳述の手続は弁明の機会の付与で足りるが、道交法においては、行政手続法の制定前から「意見の聴取」の手続が定められており、行政手続法が制定されたことにより、口頭審理であったものが書面審理となることのないよう、行政手続法の定める手続より手厚い手続として、同法の制定後も温存されたものである。

9 行政指導

(1) 意 義

　行政指導とは、行政機関がその所掌事務（任務）の範囲内において一定の行政目的を実現するため特定の者に一定の作為又は不作為を求める指導、勧告、助言等の行為である。

　行政指導は、任意活動であるから、個別法の根拠なしに行われるものが多いが、個別法の根拠が存在するものもある（例：警職法5条の警告）。

　かつて、国民が行政指導に従わない場合、そのこと自体を理由に国民に制裁を加えることはできないが、その者からの申請を「寝かせておく」などの、いわば「江戸の敵を長崎で討つ」ようなことをして、行政指導に従わざるを得なくするようなことも行われていたとされる（著者の知る限り、警察の話ではない。）。

　そのため、行政指導が純然たる任意活動であることを徹底する趣旨で、行政手続法により、行政指導に係る規律が行われている。

(2) 行政手続法上の規律

ア 一般原則（32条）

　行政指導に携わる者は、いやしくも当該行政機関の所掌事務（任務）の範囲を逸脱してはならないことに留意しなければならない。また、行政指導の内容があくまでも相手方の任意の協力によってのみ実現されるものであることに留意しなければならない。

　行政指導に携わる者は、その相手方が行政指導に従わなかったことを理由として、不利益な取扱いをしてはならない。

イ　申請に関連する行政指導（33条）

　申請の取下げ又は内容の変更を求める行政指導に携わる者は，申請者が当該行政指導に従う意思がない旨を表明したにもかかわらず当該行政指導を継続すること等により当該申請者の権利の行使を妨げるようなことをしてはならない。

ウ　行政指導の方式（35条）

　行政指導に携わる者は，その相手方に対して，当該行政指導の趣旨及び内容並びに責任者を明確に示さなければならない。

　行政指導が口頭でされた場合において，その相手方から行政指導の趣旨，内容等を記載した書面の交付を求められたときは，行政上特別の支障がない限り，これを交付しなければならない。

> 　行政指導に係る行政手続法上の規律は，いわゆる窓口業務が念頭に置かれている。警察の窓口業務における行政指導には適用されるが，警察官が現場でする行政指導は，行政手続法の適用除外とされているので，例えば，犯罪がまさに行われようとする場合における警告（警職法5条）には，上記の各規律は適用されない。

10　行政調査

　行政調査とは，行政機関が，行政上必要な資料や情報を収集するための質問・検査のことである。

　警察関係の行政調査は，全て任意活動であり，相手方の意に反して強制的に調査をすることはできないが，中には，調査を拒み，妨げ，又は忌避した場合の罰則が設けられているものもあり，それらについては，事実上，調査の相手方となるべき者に，調査に応じる義務（応諾義務）が課せられていると言える。

　〈警察関係の行政調査の例〉
　　・各種営業の営業所への立入検査（応じなかった場合の罰則あり）
　　・職務質問，所持品検査（応じなかった場合の罰則なし）

> 1　行政調査の中には，相手方の抵抗を排除してでも強制的に調査を行えるものがあり，特に強制調査という。憲法35条が定める捜索・押収に関する令状主義は，犯罪捜査以外の行政手続に直接適用されるわけではないが，強制調査については，令状主義の精神に基づき，令状が必要と考えられている。例えば，児童虐待防止法に定められた児童相談所職員による臨検・捜索は，強制調査であり，同法上，裁判官の令状が必要とされている。
>
> 2　警職法6条1項に規定する「危険時の立入り」は，行政調査ではなく，即時強制である（→138頁）。
>
> 3　通常，行政調査に対する応諾義務は，応じなかった場合（調査を拒み，妨げ，又は忌避した場合）の罰則により事実上生じるものであり，条文上，直接的に応諾義務が課せられているわけではないが，警職法6条2項に規定する公開の場所への立入要求（行政調査の一つ）は，条文上，相手方に応諾義務が生じる規定ぶりとなっている。なお，応じなかった場合の罰則は設けられていない。

11　行政強制

(1)　意　　義

　行政活動は，任意手段により行われるのが原則であるが，行政機関が行政目的を実現する上で，又は制度の実効性を確保する目的で，やむを得ず，強制手段を用いなければならない場合もある。

　行政活動に用いられる強制手段のうち，国民の身体や財産に対して強制力を加えるものを総称して，行政強制という。

　行政強制は，侵害的行政活動であり，国民にその受忍を強制するものであるから，個別法の根拠が存在する場合にしか行うことができない。個別法が存在する行政強制を体系的に示すと，下図のようになる。

〈 行政強制の体系 〉

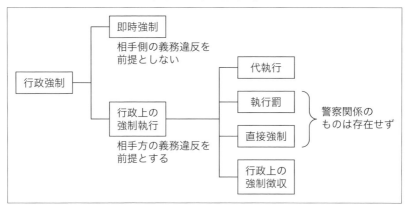

　行政強制は，相手方の義務違反を前提とするか否かで「即時強制」と「行政上の強制執行」に大別され，後者はさらに，「代執行」，「執行罰」，「直接強制」，「行政上の強制徴収」に分類される。

(2) 即時強制
ア 意　　義
　即時強制とは，行政機関が，行政目的を達成するため，相手方の義務違反を前提とすることなく，その身体又は財産に直接有形力を行使する行政作用のことである。相手方の義務違反を前提としない点で，行政上の強制執行と区別される。

イ 警察活動と即時強制
　個人の生命・身体・財産の保護や公共の安全と秩序の維持を任務とする警察は，任務達成上の必要から，即時強制を行わざるを得ないことが多い。そのため，警察官の権限を定めた一般法である警職法においては，即時強制の根拠規定として，次のような規定が設けられている。

　　・被逮捕者の身体捜検（2条4項）
　　・精神錯乱者等の保護（3条1項1号）
　　・危険な事態における避難等の措置（4条）
　　・犯罪の制止（5条）
　　・危険な事態における立入り（6条1項）

・武器の使用（7条）

また，他の個別法においても，例えば，

・現場に運転者のいない違法駐車車両の移動（道交法）

・酩酊者の保護（酩規法）

といった即時強制の根拠規定が設けられている。

即時強制には，当然，比例原則が適用されるので，即時強制の手段としていくつか考えられる場合（例えば，犯罪の制止の手段として何種類かの措置を採り得る場合），最も侵害的でない手段を選択しなければならないし，また，即時強制の必要がなくなればその時点で即時強制を終えなければならない（例えば，泥酔者の保護は，酔いがさめた時点で中止しなければならない。）。

ウ 令状主義との関係

憲法は，逮捕に関する令状主義（33条）や捜索・押収に関する令状主義（35条）を定めているところ，これらは，犯罪捜査に関する手続的保障を定めたものであり，犯罪捜査以外の行政手続には適用されない。そのため，即時強制には裁判官の令状を要しない。

もっとも，即時強制も，逮捕・捜索・押収と同様，個人の自由や権利を制限する活動であることに鑑み，例えば，警職法3条1項の規定による保護を，24時間を超えて行う場合は簡易裁判所の裁判官の許可状が必要とされていること（同条2項）のように，令状主義の精神を踏まえた制度が取り入れられているものもある。

エ 行政調査との区別

ある法律に立入りや検査の権限が規定されている場合，それが即時強制の権限を定めたものか，行政調査の権限を定めたものかが問題となる。

両者の区別は，それぞれの規定の趣旨から判断することとなり，具体的には，その場で直ちに対応しなければならないような緊急性のある措置は，即時強制であり，それ以外の措置は，行政調査であると解されている。

この点，立入りの権限は，一般的に，行政調査の権限に分類されるが，警職法6条1項に規定する危険な事態における立入りは，その場で直ちに対応しなければならないような緊急性のある措置であるから，行政調査ではなく，即時強制に当たるものと解されている。

(3) 行政上の強制執行
ア 意 義

　行政上の強制執行とは，法律により直接に，又は行政行為により課せられた義務を履行しない者がいる場合に，これを強制的に実現し，義務の履行があったのと同様の状態にする行政作用のことである。

　行政上の強制執行には，「代執行」，「執行罰」，「直接強制」，「行政上の強制徴収」の4種類があるが，警察関係の「執行罰」と「直接強制」は存在しないので，本書では，これらについては触れない。

　行政上の強制執行のうち，代執行については，個別法に特別の定めがない限り，あらゆる代執行に適用される一般法である行政代執行法が根拠法となるが，それ以外の類型については，個別法の根拠がある場合にしか行うことができない。

イ 代執行（行政代執行）

　代執行とは，義務違反のうち「代替的作為義務」の違反が存在する場合に，行政庁が自ら義務者のなすべき行為をし，又は第三者にこれを行わせることで，義務の履行があったのと同様の状態にする行政作用のことである。法定受託事務に係る代執行と区別する趣旨で特に「行政代執行」と呼ばれることもある。

　代替的作為義務に関し，「作為義務」とは，何らかの行為をする義務のことである。反対に，何らかの行為をしない義務は，不作為義務と呼ばれ[51]，代執行の対象とならない。

　そして，代替的作為義務とは，作為義務のうち，他人が代わって行うことが可能なもののことである。例えば，道路上の違法工作物の除去[52]は，代替的作為義務である。反対に，義務者本人しかなし得ない義務は，非代替的作為義務と呼ばれ[53]，代執行の対象とならない。

---

51) 例えば，ストーカー規制法に基づく禁止命令により生じる，つきまとい等を更に反復して行わない義務は，不作為義務である。
52) 道路上の違法工作物の除去については，道交法に代執行の根拠規定が存在するため，行政代執行法は適用されない。
53) 例えば，自動車等を運転している場合における運転免許証の提示義務（道交法95条2項）は，その者に運転免許証の携帯義務が課せられている以上（同条1項），非代替的作為義務である。

> 行政行為により生じた代替的作為義務が存在しているというためには，当該行政行為が有効でなければならないが，行政行為には公定力が働くため，仮に，行政行為に瑕疵が存在したとしても，それが重大かつ明白なものでない限り，正式に取り消されるまでは，代替的作為義務の存在を肯定することができる。

代執行を行うためには，代替的作為義務の不履行が存在することのほか，次の2つの要件を充足しなければならない。
・他の手段によってその履行を確保することが困難であること
・その不履行を放置することが著しく公益に反すると認められること

> これらの要件を充足すると，代執行が可能になるが，代執行をするか，又は飽くまで義務者本人に義務を履行させることを追求するかは，行政庁の裁量に属する。

代執行に要した費用は，行政代執行法に定められた手続により，義務者から徴収することができる。

発展　代執行の手続

代執行を行うには，義務者に対し，あらかじめ文書により，相当の履行期限を定め，その期限までに履行がなされないときは代執行をなすべき旨を通知しなければならない。この通知のことを「戒告」という（行政代執行法3条1項）。

義務者が，戒告を受けたにもかかわらず，指定の期限までに義務を履行しないときは，代執行令書をもって，代執行をなすべき時期，代執行のために派遣する執行責任者の氏名及び代執行に要する費用の概算による見積額を義務者に通知する（同条2項）。

なお，非常の場合又は危険切迫の場合において，代執行の急速な実施について緊急の必要があり，戒告や代執行令書による通知をする時間的余裕がないときは，これらを経ないで代執行をすることができる（同条3項）。

代執行のために現場に派遣される執行責任者は，その者が執行責任者たる本人であることを示すべき証票を携帯し，要求があるときは，何時でもこれを呈

示しなければならない（同法4条）。

ウ　行政上の強制徴収

　行政上の強制徴収とは，国又は地方公共団体に対して負う公法上の金銭給付義務を履行しない者がいる場合，行政庁が督促，財産の差押え，公売等による差押財産の換価[54]等の強制手段により，その義務が履行されたのと同様の結果を実現する行政作用のことである。

　行政上の強制徴収の最も代表的なものは，租税の滞納処分であり，行政上の強制徴収の根拠となる個別法には，「国税徴収法に規定する滞納処分の例による」，「地方税の滞納処分の例により」といった文言が用いられている。

　警察関係で，公法上の金銭給付義務の不履行が特に問題となっているのは，放置違反金の不納付である。そのため，近年，放置違反金の不納付に係る行政上の強制徴収として，放置違反金の納付命令を受けた者の財産の差押えとその換価が積極的に行われるようになっている[55]。

> 　交通反則通告制度における反則金は，反則者に対してその納付が通告されても，反則金を納付する義務は生じないから（反則者が，反則金の納付を通告されたにもかかわらず，反則金を納付しなかったときは，刑事事件へと移行することとされており，反則金を納付するか刑事事件への移行を選択するかは反則者の自由である。），反則金に係る公法上の債権債務関係は発生しない。
> 　そのため，反則金の不納付があったとしても，行政上の強制徴収の対象とはならない。

---

54)　公売は，入札又はせり売の方法により行うものとされているが，従来，買受希望者が限られていたこと等により，公売により差押財産を効率的に換価することは困難であったところ，近年，ヤフー株式会社が主催するインターネット公売システムを利用して公売する自治体が増えている（一部の都道府県警察が実施）。このシステムだと，多くの買受希望者による競り（いわゆるオークション）が行われる結果，従来に比して効率的に換価することが可能になっているようである。

55)　この点については，「警察公論」の連載（落田望「放置違反金滞納処分～あなたの知らない差押えの世界～」（2018年5月号～8月号））において実例が多数紹介されているので，参考とされたい。

第3章　警察官職務執行法

1　はじめに

　警職法は，8か条から成る極めてコンパクトな法律であるが，警察官の職務執行に関する一般的な権限を定めた，警察官にとっては極めて重要な法律である。
　8か条のうち，1条と8条は総則的規定であり，2条から7条までにおいて，警察官の権限に関連する事項が定められていることから，これら6か条を重点的に学ぶ必要がある。

2　総則的規定（1条，8条）

> （この法律の目的）
> 第1条　この法律は，警察官が警察法（昭和29年法律第162号）に規定する個人の生命，身体及び財産の保護，犯罪の予防，公安の維持並びに他の法令の執行等の職権職務を忠実に遂行するために，必要な手段を定めることを目的とする。
> 2　この法律に規定する手段は，前項の目的のため必要な最小の限度において用いるべきものであって，いやしくもその濫用にわたるようなことがあってはならない。
> （他の法令による職権職務）
> 第8条　警察官は，この法律の規定によるの外，刑事訴訟その他に関する法令及び警察の規則による職権職務を遂行すべきものとする。

　1条1項は，警職法の目的規定であり，同法が，警察官がその職務を遂行する上で必要な手段を定めることを目的とする旨が示されている。
　また，同項の規定と8条の規定は，警察官の権限に関し，次の2つの事項

を定めていることになる。
　　○警職法は，警察官の職務執行に係る権限を定める一般法であること。
　　○警察官は，警職法上の権限のほか，個別法に根拠を有する権限を行使できること。

　警職法1条2項のうち，「この法律に規定する手段は，前項の目的のため必要な最小の限度において用いるべきもの」という部分は，同法に定められた権限の行使に関して比例原則を明文化したものである。もっとも，比例原則は行政作用法の一般的な原則であるから，仮にこの部分がなくとも，警職法に定められた警察官の職務執行には，比例原則が適用される。

3　権限規定の構造上の特徴とそれを踏まえた効率的な学習法

(1)　権限規定の構造上の特徴

　警察官の権限を定めた警職法の条文（権限規定）は，複雑で読み解きにくいものが多いが，それは，根幹を成す部分に，次の3種類の修飾が付されているからである。

ア　権限行使の要件該当性を絞り込む部分

　例えば，職務質問は不審者を発見した場合に行うことができるが（権限行使の要件），警職法2条1項において，不審者であるか否かは「異常な挙動その他周囲の事情から合理的に判断」するものとされており，当該部分は，不審者という要件（根幹を成す部分）の該当性判断の方法に枠をはめることで，その要件該当性を絞り込む機能を有している。

イ　現場での合理的判断を尊重する旨を定める部分

　例えば，警職法5条に定められた制止の権限（即時強制）は，「犯罪がまさに行われようとするのを認めたとき」であることが要件の一つとされている。この要件における「認めた」という文言は，事態に直面した警察官が，現場で，犯罪が切迫していると合理的に判断したのであれば，そのことをもって要件が満たされ，仮に，その判断が誤りであったことが事後的に判明したとしても，要件該当性は否定されないという解釈をもたらす重要な役割を果たしている。

「犯罪がまさに行われようとするのを認めたとき」の意味	その時点における，犯罪が切迫しているとの警察官の判断が合理的に行われたならば，真実は犯罪が切迫していなかったことが事後的に分かっても，要件該当性は否定されない。
仮に条文の文言が「犯罪がまさに行われようとするとき」であった場合の意味	客観的な状況として犯罪の切迫性が存在していることを求める要件となる。そのため，真実は犯罪が切迫していなかったことが事後的に分かると，警察官の判断がいかに合理的なものであったとしても，要件該当性は否定される。

　この例に限らず，権限規定のうち，現場での即座の判断が必要となるものについては，「認める」等の文言が付加され，警察官の現場での合理的判断が尊重されるようになっており，その結果として，警察官が現場でちゅうちょすることなく自身の合理的判断に基づき権限を行使できるようになっている。

ウ　比例原則を示す部分

　比例原則は，あらゆる行政作用に適用される原則であるが，権限規定の中には，比例原則が適用されることを明確化する趣旨で，その旨が明示されているものもある。

(2)　権限規定の構造上の特徴を踏まえた効率的な学習法

　前述したとおり，権限規定の中には，根幹を成す部分に3種類の修飾（(1)ア〜ウ）が付されているため，複雑で読み解きにくくなっているものがあるが，それらは根幹を成す部分に肉付けされた「枝葉」の部分であり，条文の内容を学習する上では必ずしも重要でない。この点，特に次の2点を指摘することができる。

　　○現場での合理的判断を尊重する旨を定める部分については，現場で即座に判断しなければならない要件にだけ付せられているという共通点があり，そのことさえ把握していれば，個々の条文を意識する必要はない。
　　○比例原則を示す部分については，それがなくとも比例原則は適用されるのであるから，個々の条文を意識する必要はない。

　また，例示が多数存在する場合も，全て覚える必要はなく，代表的なものを覚え，代表的でない部分（「枝葉」の部分）は気に留めなくてよい。

　そこで，本書では，各権限規定について，これら「枝葉」の部分をそぎ落と

して簡略化し，さらに，一文の中に複数の権限が定められている部分を分割するなどの再構成を図り，分かりやすくした条文を提示するので，是非ともそれらをベースに学習していただきたい。

〈　警職法上の権限規定における修飾部分一覧　〉

(質問)
第2条　警察官は，異常な挙動その他周囲の事情から合理的に判断して何らかの犯罪を犯し，若しくは犯そうとしていると疑うに足りる相当な理由のある者又は既に行われた犯罪について，若しくは犯罪が行われようとしていることについて知っていると認められる者を停止させて質問することができる。
2　その場で前項の質問をすることが本人に対して不利であり，又は交通の妨害になると認められる場合においては，質問するため，その者に附近の警察署，派出所又は駐在所に同行することを求めることができる。
3　(略)
4　警察官は，刑事訴訟に関する法律により逮捕されている者については，その身体について凶器を所持しているかどうかを調べることができる。

(保護)
第3条　警察官は，異常な挙動その他周囲の事情から合理的に判断して次の各号のいずれかに該当することが明らかであり，かつ，応急の救護を要すると信ずるに足りる相当な理由のある者を発見したときは，取りあえず警察署，病院，救護施設等の適当な場所において，これを保護しなければならない。
　一　精神錯乱又は泥酔のため，自己又は他人の生命，身体又は財産に危害を及ぼすおそれのある者
　二　迷い子，病人，負傷者等で適当な保護者を伴わず，応急の救護を要すると認められる者（略）
2～5　(略)

(避難等の措置)
第4条　警察官は，人の生命若しくは身体に危険を及ぼし，又は財産に重大な損害を及ぼす虞のある天災，事変，工作物の損壊，交通事故，危険物の爆発，狂犬，奔馬の類等の出現，極端な雑踏等危険な事態がある場合においては，その場に居合わせた者，その事物の管理者その他関係者に必要な警告を発し，及び特に急を要する場合においては，危害を受ける虞のある者に対し，その場の危害を避けしめるために必要な限度でこれを引き留め，若しくは避難させ，又はその場に居合わせた者，その事物の管理者その他関係者に対し，危害防止のため通常必要と認められる措置をとることを命じ，又は自らその措置をとることができる。
2　(略)

（犯罪の予防及び制止）
第5条　警察官は，犯罪がまさに行われようとする<u>のを認めたとき</u>は，その予防のため関係者に必要な警告を発し，又，もしその行為により<u>人の生命若しくは身体に危険が及び，又は財産に重大な損害を受ける虞があつて</u>，急を要する場合においては，その行為を制止することができる。

（立入）
第6条　警察官は，前2条に規定する危険な事態が発生し，人の生命，身体又は財産に対し危害が切迫した場合において，その危害を予防し，損害の拡大を防ぎ，又は被害者を救助するため，已むを得ないと<u>認めるとき</u>は，<u>合理的に必要と判断される限度において</u>他人の土地，建物又は船車の中に立ち入ることができる。

2　興行場，旅館，料理屋，駅その他多数の客の来集する場所の管理者又はこれに準ずる者は，その公開時間中において，警察官が犯罪の予防又は人の生命，身体若しくは財産に対する危害予防のため，その場所に立ち入ることを要求した場合においては，正当の理由なくして，これを拒むことができない。

3〜4　（略）

（武器の使用）
第7条　警察官は，犯人の逮捕若しくは逃走の防止，自己若しくは他人に対する防護又は公務執行に対する抵抗の抑止のため必要であると<u>認める相当な理由のある場合</u>においては，<u>その事態に応じ合理的に必要と判断される限度において</u>，武器を使用することができる。但し，刑法第36条（正当防衛）若しくは同法第37条（緊急避難）に該当する場合又は左の各号の一に該当する場合を除いては，人に危害を与えてはならない。
　一　死刑又は無期若しくは長期3年以上の懲役若しくは禁こにあたる兇悪な罪を現に犯し，若しくは既に犯した<u>と疑うに足りる充分な理由のある者</u>がその者に対する警察官の職務の執行に対して抵抗し，若しくは逃亡しようとするとき又は第三者がその者を逃がそうとして警察官に抵抗するとき，これを防ぎ，又は逮捕するために他に手段がないと<u>警察官において信ずるに足りる相当な理由のある場合</u>。
　二　逮捕状により逮捕する際又は勾引状若しくは勾留状を執行する際その本人がその者に対する警察官の職務の執行に対して抵抗し，若しくは逃亡しようとするとき又は第三者がその者を逃がそうとして警察官に抵抗するとき，これを防ぎ，又は逮捕するために他に手段がないと<u>警察官において信ずるに足りる相当な理由のある場合</u>。

※　───　権限行使の要件該当性を絞り込む部分
　　〜〜〜　現場での合理的判断を尊重する旨を定める部分
　　＝＝＝　比例原則を示す部分

4　警職法2条（職務質問）

(1) はじめに

警職法2条は，4項から成るが，1項から3項までは職務質問に関する規定である。そのため，警職法2条は主として職務質問に関する規定であると言える。

これに対し，4項は，被逮捕者の身体捜検という職務質問とは直接的な関係を有しない事項に関する規定である。職務質問を受けた者はその結果を踏まえて逮捕されることが少なくないため，職務質問に関する規定の後にこの規定が置かれたものと考えられる。

〈　警職法2条の構造　〉

職務質問関連規定
- 1項　職務質問の根拠規定
- 2項　職務質問に伴う任意同行
- 3項　職務質問に際しての禁止事項

職務質問と全く関係のない規定
- 4項　被逮捕者の身体捜検（凶器捜検）

(2) 職務質問（1項）

> 警察官は，異常な挙動その他周囲の事情から合理的に判断して何らかの犯罪を犯し，若しくは犯そうとしていると疑うに足りる相当な理由のある者又は既に行われた犯罪について，若しくは犯罪が行われようとしていることについて知っていると認められる者を停止させて質問することができる。

簡略化すると

◆この条文をベースに学習！

警察官は，何らかの犯罪を犯し，若しくは犯そうとしている者又は既に行わ
　　　　　└ 異常な挙動その他周囲の事情から合理的に判断して
れた犯罪について，若しくは犯罪が行われようとしていることについて知って
いる者を停止させて質問することができる。

要　件	効果（行使できる権限）
警察官が①不審者，②参考人的立場の者を発見したこと └ 権限行使の対象者	警察官は，対象者を停止させて質問することができる。 法的性質：行政調査

ア　意　義

　職務質問とは，不審者等を発見した場合に，不審点を解明する目的で，不審者等に対して質問を行う警察活動である。法的性質としては，行政調査（任意活動として行うもの）に分類される。

　職務質問の権限は，警察官の街頭活動における最も基本的な権限の一つであり，本条1項にその根拠規定が置かれている。

　犯罪の予防を目的として行う場合が多いが，既に発生した犯罪の捜査の一環として行うこともできる。

　職務質問は，相手方に対して答弁を強要することができないなど（本条3項），強制にわたらないような態様で行うことが予定されているから，非侵害的行政活動（任意活動）である。よって，警察官は，仮に本条1項の規定が存在しなかったとしても，職務質問を行うことができる。それにもかかわらず，職務質問の根拠規定が設けられている理由としては，次の2点を指摘することができる。

　①職務質問は，その相手方に対し，質問が続くうちはその場に滞在しなければならないという時間的拘束や，質問内容を聞かなければならないことによる不快感など，一定の負担ないし不利益を与える活動であるので，警察官がどのような場合に職務質問を行えるのか（職務質問の要件）を法律で定めておいた方が，相手方も，職務質問を受ける理由を理解することが容易になり，納得しやすい。

②職務質問の要件が法律で定められていることで，警察官は，要件が満たされている場合に自信を持って職務質問を実施することができる。

> 不審者や参考人的立場にある者に対する不審点解明のための質問については，類型的に，質問を受けることによる相手方の負担ないし不利益よりも，質問を行うべき公益上の必要性の方が上回ることから，そのことを明確化するために，個別法において，それらの者を対象とする職務質問が定められていると説明することもできる。

イ　要件（職務質問の対象者）

　職務質問の対象者は，「不審者」と「参考人的立場の者」であり，警察官は，これらの者を発見したときは，直ちに職務質問を開始することができる。

　もっとも，実務上も学問上も，不審者を対象とする職務質問が圧倒的に重要であるので，以下，不審者に対する職務質問に絞って説明する。

　不審者とは，具体的には「何らかの犯罪を犯し，若しくは犯そうとしている者」，すなわち，何らかの犯罪を既に犯した者と，これから何らかの犯罪を犯そうとしている者である。前者に対しては，犯罪捜査の一環として，また，後者に対しては，犯罪の予防を目的として，職務質問を行うことになる。

【条文の解釈】

㋐　「何らかの犯罪」の意義

　「何らかの犯罪」とは，文字通りの意味であり，罪名が特定されている必要はない。不審者を発見した時点で，具体的にどのような犯罪を犯した（犯そうとしている）かまでは分からないことが多いので，「あの者は何か悪いことをしたのではないか」，「あの者は何か悪いことをしようとしているのではないか」という程度の嫌疑で足りるものとされている。

㋑　「犯罪」の意義

　「何らかの犯罪」における「犯罪」の意義は，通常の意味とは異なる。刑法における「犯罪」とは，犯罪構成要件に該当する違法かつ有責な行為のことであるのに対し，「何らかの犯罪」における「犯罪」は，犯罪構成要件に該当する違法な行為を指し，有責性（行為者が責任能力を有すること）は求

められない。なぜなら，警察官は，犯罪構成要件に該当する違法な行為を目の当たりにしたときは，それが有責な行為であるか否かにかかわらず，これを阻止しなければならないし，また，14歳に満たない者（責任能力がないため，その行為は刑法上の犯罪とならない。）が犯罪構成要件に該当する違法な行為をした事実を把握したときは，しかるべき処置（具体的には，少年法に基づく少年保護手続）をしなければならないので，責任能力を有しない者に対しても，職務質問を行うことが求められているからである。

㋒　外観上の不審事由

「不審者」に該当するとの判断は，「異常な挙動その他周囲の事情から合理的に」行うことが必要である。これは，外観上の不審事由が存在する場合に初めて不審者と判断することができることを意味する。

異常な挙動その他周囲の事情から不審者と判断することが「合理的」であるというためには，警察官の主観的・恣意的な判断ではなく，社会通念に照らして客観的に合理性が認められる判断でなければならない。しかしながら，必ずしも一般人の知識や経験のレベルに立って判断しなければならないわけではなく，警察官が事前に得ていた情報や，警察官としての経験則を踏まえて不審者と判断することも許される。

例えば，緊急配備中に，無線で流れてきた犯人の人相や着衣と酷似した者を発見した場合，他の者から見れば何ら不審点がなくとも，警察官は不審者と判断することができる。また，昼間に住宅街を背広姿の年配の男性が歩いていても，一般的には，外観上の不審事由が存在するとは言えないが，例えば，真新しい背広を着用し，ネクタイの締め方も粗雑な十代半ば前後の男性が歩いていた場合には，警察官としての経験則に基づき，特殊詐欺の「受け子」ではないかという疑いを抱く余地がある。

被疑者や現行犯人も，不審者に含まれる。例えば，いわゆる見当たり捜査中に指名手配犯を発見したとする。この場合，警察官は，いわゆる逮捕状の緊急執行により指名手配犯を逮捕することができるが，逮捕権の行使に慎重を期するために，まずは職務質問を行い，人定事項を確認した上で，逮捕することもできる。また，軽微な事件[56]の現行犯人は，住居や氏名が明らかで

---

56)　30万円（刑法，暴力行為等処罰に関する法律及び経済関係罰則の整備に関する法律の罪以外の罪については，当分の間，2万円）以下の罰金，拘留又は科料に当たる罪を指す。

ない場合等にしか逮捕できないので（刑訴法217条），まずは職務質問を行った上で，住居や氏名が明らかにならなければ現行犯逮捕をするという流れになる。

> **発展　参考人的立場の者**
>
> 具体的には「既に行われた犯罪について，若しくは犯罪が行われようとしていることについて知っている者」である。「既に行われた犯罪について知っている」者とは，例えば，犯罪の目撃者であり，「犯罪が行われようとしていることについて知っている」者とは，例えば，犯行計画を事前に打ち明けられた者や，謀議に加わったものの，その後共犯関係から離脱し，共犯でなくなった者である。
> 　前者に対しては，犯罪捜査の一環として，また，後者に対しては，犯罪の予防を目的として，職務質問を行うことになる。

ウ　行使できる権限

警察官が不審者を発見した場合になし得る措置として，警職法2条1項は「停止」と「質問」を定めている。

①　停　　止

「停止」は，不審者が移動中である場合に，職務質問の開始に先立ち，停止を求める措置である。不審者が移動中の場合，警察官としては，停止を求めることなく，不審者に追従して質問を開始することもできるが，不審者を停止させてから質問を開始した方が，落ち着いて質問できるし，不審者の逃走を防ぎやすい。そのため，移動中の不審者を停止させる権限が定められている。

歩行中の不審者のみならず，自動車や自転車で移動中の不審者についても，停止させることができる。

また，職務質問を開始する前提として停止させることができるほか，職務質問を開始した後にその場から立ち去ろうとする不審者に対し，質問を継続するため，質問が終わるまでその場にとどまるよう求めることも「停止」に含まれる。

条文上は「停止させて」という表現が用いられているので，有形力を行使して停止させることを思い浮かべるかもしれないが，その基本的な意味は，口頭や身振りで停止を求めるということである。もっとも，後述するとおり，相手方が停止の求めに従わないときは，必要最小限度の有形力を行使することができる。

> 　口頭での停止の求めは，心理的な強制を加えて停止させようとするものであってはならない。例えば，「止まらなければ逮捕する」とか「逃げると撃つぞ」と告げる行為は，停止を求める方法として採ることができない。

②　質　　問

「質問」とは，相手方に対し，不審点を解明するために必要な事項を尋ねることである。相手方に一定の心理的・物理的な負担を及ぼしつつ行うものであるから，相手方の負担が重くならないよう，手短に終えるのが基本である。質問の結果，不審点が解消されたならば，その時点で直ちに質問を打ち切らなければならない。

しかしながら，実際には，質問をのらりくらりとかわしたり，質問に対して何も答えなかったり，応答内容が客観的状況と矛盾するような場合も少なくない。そのような状況が続く限り，不審点は一向に解消されないのであるから，粘り強く質問を継続しなければならない。

エ　職務質問をめぐる論点

①　いわゆる「留め置き」の許容性

職務質問は，不審点が解明されるまで粘り強く行うべきものであるが，粘り強く質問を継続すればするほど，相手方の受ける心理的・物理的負担も増えていく。不審性が高い事案であればあるほど，応援の警察官が多数駆け付けてきて，騒然とした現場になり，その傾向が一層強まるだろう。

そのような状況の中，不審者は往々にしてその場から離れようとする。しかし，警察官としては，不審点が解明されていないのに，不審者が立ち去るのを安易に許すことはできず，質問を継続するため，不審者をその場にとどまらせようとする。このことを，一般に「留め置き」と呼んでいる。

そのため，不審点が解消されない場合に，いつまで相手方をその場に留め置いて質問を継続し得るかが問題となる。

この点，警職法には，質問による不審点解明が行き詰まった場合の「次の一手」は用意されていない。そのため，質問が行き詰まったにもかかわらず，やみくもに相手方をその場に留め置くことは，時間の経過とともに強制の要素が

高まり，徐々に違法性を帯びていく。いずれかの時点で，質問を打ち切ると同時に「留め置き」を解くという英断も必要である。その場合，不審点の解明は事後に委ねられることになる。

しかし，職務質問の継続中に強制捜査の準備が始まるような場合は，話が別である。警職法には「次の一手」が用意されていないが，強制捜査は「次の一手」となるのである。

「留め置き」の許容性は，薬物事犯で問題となるケースが多いので，以下，薬物事犯を例として説明を進める。

例えば，薬物乱用の疑いで職務質問を開始したところ，嫌疑が一層深まった場合には，職務質問の相手方はもはや単なる不審者ではなく被疑者となり，採尿令状[57]の発付を得て強制採尿手続へと移行するという選択肢が浮上する。そして，現実に採尿令状の請求手続が開始された場合，よほどのことがない限り，裁判官から令状が発せられ，強制採尿が可能になるから，令状請求手続の開始により，それまでの純粋な任意手続から，いわば「強制捜査への移行手続」へ

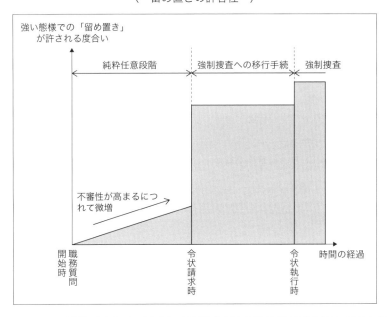

〈　留め置きの許容性　〉

---

57)　強制採尿のための捜索差押許可状の通称である。

と発展するのである。これにより，相当強い態様で相手方をその場に留め置くことが可能になる。

もっとも，「強制捜査への移行手続」における強い態様での「留め置き」がどの程度まで許されるかは，比例原則に基づく個別の判断となる。

② 職務質問に伴う有形力の行使

職務質問は，相手方の任意の協力を得ながら行う任意活動であるが，相手方が常に協力的であるとは限らない。不審者であればあるほど，職務質問から逃れようとするものである。この場合，任意活動だからといって全く有形力を行使できないわけではなく，停止を求めたにもかかわらず停止しない者や，不審点が解明されていないにもかかわらずその場から立ち去ろうとする者に対しては，停止させたり質問を継続したりするために必要な最小限度の有形力を行使することができる。ただし，身柄を拘束するような有形力行使は，限界を超えるものであり，許されない。

停止させるための有形力行使の例

（許される例）
- 自転車の荷台を押さえる
- 相手方の肩や腕に手を掛ける
- 相手方の着衣をつかむ
- 相手方の進行方向に立ちふさがる

（許されない例）
- 数人がかりで羽交い締めにする
- 手錠を掛ける
- 無理矢理パトカーに乗車させる

---

(3) **所持品検査**

ア 意　義

所持品検査とは，警察官が，相手方に対して所持品の提示を求めたり，又は相手方の所持するバッグ等を自ら開披するなどして，相手方の所持品を調べることである。典型的には，職務質問の最中に，不審点解明の一助として行われる。

所持品検査の対象となるのは，相手方が携帯しているバッグ等の所持品や着

衣である。相手方が自動車に乗車している場合は，自動車の車内も対象となる。
イ 法的根拠
　警職法に限らず，他の法律にも，所持品検査の根拠となる規定はないが，所持品検査は，職務質問と密接に関連し，かつ，職務質問の効果を高めるものであるから，職務質問に伴う所持品検査は，警職法2条1項が法的根拠となる。
　もっとも，所持品検査は，相手方の承諾を得て行う限り，非侵害的行政活動であるから，そもそも個別の根拠を要しない。よって，警察官は，職務質問の実施中でなくとも，所持品検査を行うことができる。
ウ 相手方の承諾について
　所持品検査は任意活動であるから，相手方の承諾があったか否かは，所持品検査が適法なものであるか否かを決する重要な要素である。例えば，所持品の提示を求めたところ，相手方が快く応じてくれた場合には，所持品検査に対する明確な承諾が得られたことになり，任意手段として適法に所持品検査を実施することができる。
　しかし，相手方が快く応じてくれることはまれである。何ら後ろめたいことをしていない者であっても，警察官に所持品を調べられることには抵抗を感じるのが通常であろう。それはやむを得ないことである。そのため，相手方が快く応じてくれた場合にしか承諾の存在を認めることができないとなれば，事実上，所持品検査を行うことはできなくなる。
　したがって，相手方が明示的に検査を拒んだのでなければ，承諾があったものと解してよい（いわゆる「黙示の承諾」があったと評価できる。）。
　しかし，外形的には承諾が存在するものの，相手方の意思を制圧するなど違

〈 承諾の有無の判別方法 〉

```
┌─────────────┐  なし  ┌─────────────┐  なし  ┌────────┐
│ 明示的な承諾が │──────▶│ 黙示の承諾が │──────▶│ 承諾なし │
│  あったか    │       │ あったと認められるか│       └────────┘
│  （事実）    │       │  （評価）    │
└─────────────┘       └─────────────┘
      │                      │ あり
      │ あり                  ▼
      │                ┌────────┐
      └───────────────▶│ 承諾あり │
                       └────────┘
```

法・不当な手段で承諾を取り付けた場合には，黙示の承諾すらあったとは言えない。

承諾の有無に関する例を挙げると，次のとおりである。

承諾があったと言える例

・ポケット在中の手帳を検査する旨を告げたところ，これを拒む態度を見せなかったため，胸ポケットから手帳を抜き取った。
・所持品であるバッグを開披するよう求めたところ，「勝手に見いな」と言ったので，開披して中身を調べた。
・自動車内の検査に応じるよう求めたところ，「探すなら勝手に探せ」と言ったので，車内を検索した。

承諾があったと言えない例

・意思に反して交番へ連行された後，ふてくされた態度で上着を脱ぎ，投げ出したので，ポケット内を調べた。
　→　違法な「連行」の影響下であるため黙示の承諾すら認められない。
・「ガサビラでガサするんやぞ」と虚偽の事実を申し向けたところ，相手方が渋々承諾し，バッグを差し出してきたので，中身を調べた。
　→　違法・不当な方法により承諾を取り付けたものであるため黙示の承諾すら認められない。

エ　承諾なき所持品検査の許容性

所持品検査は任意活動である以上，本来，相手方の承諾を得て行うべきものであるが，これを貫くと，相手方が危険物や禁制品を所持している疑いが極めて濃厚であるにもかかわらず，所持品検査を頑なに拒むため，所持品検査を実施することができず，重大犯罪の未然防止や検挙ができなくなるという結果を招きかねない。そのため，所持品検査を行うべき高度の緊急性や必要性がある場合には，例外的に，承諾なき所持品検査が許されると解されている。ただし，捜索に至ってはならず，また，強制にわたってはならないという制約がある。

所持品検査には段階があるので，まず，段階を示した上で，詳しく説明する。

まず，「所持品や着衣の中身を尋ねる」段階であるが，これは，職務質問の最中にその一環として行うものであり，職務質問そのものの一部である。所持品検査との関係で言えば，所持品検査の準備行為と位置付けられる。この段階

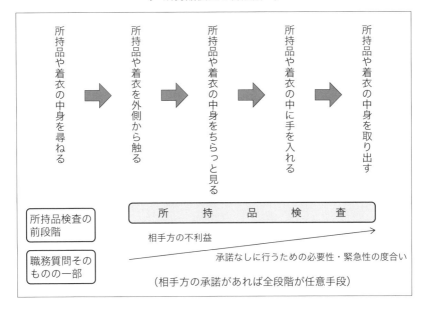

〈 所持品検査の各段階 〉

では，単に口頭で質問しているだけなので，相手方の承諾は問題とならない。

「所持品や着衣を外側から触る」段階については，間接的な手触りだけしか分からないので，相手方の受ける不利益は限定的であり，一定の緊急性や必要性があれば，相手方の承諾がなくとも適法に行い得る。

さらに進んで「所持品や着衣の中身をちらっと見る」段階になると，外から触っただけでは認識できない様々な物を詳細に認識できるようになるので，相手方の受ける不利益はかなり大きくなる。そのため，相当高度の緊急性や必要性がある場合にしか，相手方の承諾なしに行うことはできない。

「所持品や着衣の中に手を入れる」段階や「中身を取り出す」段階（両者はしばしば連続的・一体的に行われるであろう。）は，もはや捜索の一歩手前であり，相手方の受ける不利益も極めて大きいことから，相手方の承諾を得ないでこれらの措置を行うことは，凶器や危険物を所持している疑いが極めて濃厚な場合に，例外中の例外として許容される場合があり得るにすぎない。

(4) 自動車検問

ア 意　義

　自動車検問とは，走行中の自動車を停止させて，自動車の外部や内部の状況，乗員（運転者と同乗者）の状況等を視覚や嗅覚で見分したり，乗員に対して質問を行ったりすることである。

　自動車検問は，個別法の根拠は設けられていないが，自動車を利用した犯罪や交通事故の発生状況等に鑑み，警察の責務を達成する上での重要な手段として，実務上広く行われている。

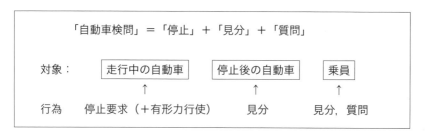

　実務上，目的や態様に応じて次のような区分がなされている。

〈　自動車検問の種別　〉

目　的　別	態　様　別
<u>警戒検問</u> 　犯罪の予防・検挙が目的 <u>交通検問</u> 　交通違反の予防・検挙が目的 <u>緊急配備検問</u> 　手配車両の確保や情報収集が目的	<u>一斉検問</u> 　全ての通過車両を停止させて質問を実施 <u>個別検問</u> 　一部の（特定の）通過車両だけを停止させて質問を実施

⬇

これらの区分は，行政法学上は特段の意味を有しない

⬇

行政法学上の論点は「外観上の不審事由なき車両を停止させる法的根拠は何か」のみ

　俗に「ミニ検問」と呼ばれているものは，警戒検問に分類できるであろう（一斉検問か個別検問かはやり方次第であり一概には言えない。）。

イ 法 的 根 拠

走行中の自動車の外観や走行態様等から「外観上の不審事由」を見て取れるか否か（つまり，職務質問の要件を備えているか否か）で考え方が異なるので，分けて説明する。

① 「外観上の不審事由」が存在する場合

> （例）蛇行運転をしている場合
> 　　　異音を発しており整備不良の疑いがある場合
> 　　　緊急配備検問中に手配車両が犯行現場方向から接近してきた場合
> 　　　盗難車両として手配されている車両である場合

「外観上の不審事由」が存在する場合は，その運転者を不審者と認めることができるので，警職法2条1項の規定に基づき，自動車を「停止させ」て「質問」することができる。また，相手方が運転席に乗車した状態での職務質問は，逃走を図られて職務質問の目的を達成できなくなるおそれが高いので，質問に先立ち降車を求めることも許される。

自動車を停止させるための最も基本的な方法は，合図により停止を求めることであるが，一般に，停止させるために有形力を行使することは許されている上に，自動車は逃走手段でもあり，停止させる必要性が高いことから，歩行者に対する有形力行使よりも強い態様での有形力行使が許される。いったんは停止の求めに応じたものの，説得を無視してその場から立ち去ろうとする場合に，質問を継続するために用いる有形力についても同様のことが言える。許容される有形力の行使を例示すると，次のとおりである。

停止させるための有形力行使
- パトカーで前後から挟み撃ちにする
- バリケードを築いて進行できなくする
- 車体の一部をつかむ

停止後の再発進を妨げるための有形力行使
- 自動車内に手を差し入れてエンジンキーを抜き取り上げる
- 警察車両や警察官で取り囲み事実上移動できなくする
- 車止めを装着する

※いずれも，必要性・緊急性の程度に応じて比例原則に反しないことが大前提である。そのため，嫌疑の程度が低い場合や容疑事案が軽微である場合等には，これらの措置が違法となることもあり得る。

② 「外観上の不審事由」が存在しない場合
　「外観上の不審事由」が存在しない場合であっても，停止させた後の質問については，法的根拠は問題とならない。なぜなら，質問は，相手方が任意に応じてくれる限り，任意活動として個別の根拠なしに行うことができるし，また，停止させた後に「外観上の不審事由」が浮上した場合（例えば，車内に酒の臭いが充満していることが判明した場合）には，そこから警職法2条1項の職務質問に切り替わるからである。
　問題は，停止させることの法的根拠である。これについては，学説上，「警職法2条1項説」と「警察法2条1項説」が唱えられているので，まずはこれらの内容を紹介する。

「警職法2条1項説」の要旨
　自動車については，自動車を停止させ，車内や乗員を観察して初めて「外観上の不審事由」の存否を判断できるのであるから，警職法2条1項は，車内や乗員につき「外観上の不審事由」の存否を判断する前提として，全ての自動車を停止させることを認めているのである。

　直感的に，この考え方は不自然だと感じるであろう。論理が飛躍しているというか，逆転しているのである。警職法2条1項は，飽くまで「外観上の不審事由」のある不審者を停止させることができると定めているのだから。
　それでは「警察法2条1項説」はどうか。

「警察法2条1項説」の要旨
　警察法2条1項は，「個人の生命，身体，財産の保護」と「公共の安全と秩序の維持」が警察の責務であることを定めている。自動車検問は，これら警察の責務を達成する目的で行うものであるから，同項の規定を根拠に行うことができる。

確かに,「法律による権限の分配」からすれば,自動車検問は,警察法2条1項に定められた警察の責務を達成するための手段でなければならないが,自動車検問は非侵害的行政活動(任意活動)であるから,個別法の根拠は不要であり(→91頁),同項の規定を個別法の根拠として持ち出してくる必要はない。その点で,この説もおかしい。

以上,「警職法2条1項説」も「警察法2条1項説」もおかしいことを説明したが,その中で,実質的に,答えに言及した。すなわち,自動車検問は,相手方の任意の協力を得て「停止してもらい」,「車内の状況を見分させてもらい」,「質問に応じてもらう」ものであるから,「停止」,「見分」,「質問」のいずれについても,非侵害的行政活動である。そのため,個別法の根拠は要らないのである。

> **発 展** 道交法と自動車検問
>
> 道交法は,警察官に対し,以下の場合に車両の停止を命ずる権限を定めている。
> ・過積載をしていると認められる車両が運転されているとき(58条の2)
> ・乗車,積載又は牽引について危険を防止するために特に必要があると認められるとき(61条)
> ・整備不良車両に該当すると認められる車両が運転されているとき(63条1項)
> ・無免許運転の禁止,酒気帯び運転の禁止等に違反して運転していると認めるとき(67条1項)
>
> これらの規定に基づき車両を停止させ,運転者等に質問することも,自動車検問の一態様である。これらの場合には,車両等を停止させる高度の公益上の必要性のあることが法律上明らかにされていることから,相手方に対し,法的義務を履行するように強く説得し,この説得のために強制にわたらない限度で実力を行使することも許される。

(5) 職務質問に伴う任意同行(2項)

> その場で前項の質問をすることが本人に対して不利であり,又は交通の妨害になると認められる場合においては,質問するため,その者に附近の警察署,派出所又は駐在所に同行することを求めることができる。

―― ◆この条文をベースに学習！ ――
　その場で前項の質問をすることが本人に対して不利であり，又は交通の妨害になる場合においては，質問するため，その者に附近の警察署等に同行することを求めることができる。

要　件	効果（行使できる権限）
その場で職務質問をする（職務質問を継続する）ことが相手方にとって不利であり，又は交通の妨害になること	警察官は，質問するため（質問を継続するため），相手方に附近の警察署等への同行を求めることができる。 法的性質：任意活動

ア　意　義

　職務質問に際し，その場で質問をする（質問を継続する）ことが相手方に不利であったり，交通の妨害になる場合に，質問する（質問を継続する）ため，他の場所への同行を求めることを「同行要求」といい，要求に応じた相手方を当該他の場所へ同行することを「任意同行」という。

> 　犯罪捜査においても「任意同行」の語が用いられるが，これは，任意での取調べを行ったり逮捕状を執行したりする前に警察署等への同行を求めるものであり，ここで説明する職務質問に伴う任意同行とは法的性質が異なる。

イ　要　件

　警職法2条2項の規定に基づく同行要求は，職務質問の要件が備わっていることに加え，「その場で質問をすることが相手方に不利である」状況又は「その場で質問をすると交通の妨害になる」状況にある場合に行うことができる。
　さらに，当然のことであるが，相手方が同行要求に応じた（つまり，同行要求を承諾した）場合にしか任意同行とはならない。もっとも，この承諾は，黙示的なもので足り，明確に拒否することなく同行先へ赴いたのであれば，承諾

があったと言える。

　なお、同行要求は非侵害的行政活動であり、もとより個別法の根拠を要しないから、暗がりで相手方を観察しづらいため、明るい場所への同行を求めるなど、警職法2条2項所定の要件を満たしていない同行要求も、相手方が任意に応じてくれる限り、許される。

> **「その場で質問をすることが相手方に不利であると認められる」場合の例**
> ・雨天であったため、雨をしのげる場所への同行を求めた。
> ・相手方自身が人目にさらされる状態を嫌ったため、交番への同行を求めた。
>
> **「その場で質問をすると交通の妨害になると認められる」場合の例**
> ・幹線道路の車線上にいた相手方に対し、歩道への移動を求めた。
> ・職務質問の実施中に相手方の支援者が多数集まり、支援者の集団が交通の妨害になるおそれが生じてきたため、交番への同行を求めた。

ウ　「質問するため」

　「質問するため」とは、同行要求の目的を限定したものであり、取り調べたり逮捕したりする目的で同行要求をしてはならないという趣旨である。

> 　もっとも、質問する目的で任意同行し、同行先において質問した結果、容疑が確かなものとなった場合に、取調べを行ったり逮捕したりすることは、当然に許される。この場合、結果として刑事手続に移行したにすぎないからである。

エ　同行先

　条文上は「附近の警察署、派出所又は駐在所」への同行を求めることができるとされている。しかし、これらに限られるものではなく、例えば、上記事例における「雨をしのげる場所」や「（車道から）歩道」への同行要求も可能である。

> 任意同行は，相手方の承諾に基づき行うものであるから，相手方は，一旦は承諾して警察署等に赴いても，いつでも翻意して退去することができる。

オ　有形力行使の限界

任意同行についても，それが任意手段であるからといって，有形力の行使が一切許されないわけではなく，例えば，任意同行を拒む者に対し，翻意を促すため，その手を一瞬押さえる程度の行為は許される。

しかし，任意同行は，職務質問（質問のための停止）の場合と異なり，距離的な移動を必然的に伴い，時間的にもある程度継続的なものとなることから，任意同行に伴う有形力行使の余地は，より厳格に解されている（→次頁参照）。

(6)　職務質問に際しての禁止事項（3項）

> 前2項に規定する者は，刑事訴訟に関する法律の規定によらない限り，身柄を拘束され，又はその意に反して警察署，派出所若しくは駐在所に連行され，若しくは答弁を強要されることはない。

ア　意　義

3項は，職務質問や同行要求を受けている者に対する次の行為を禁じている。

- ○　身柄の拘束
- ○　本人の意に反した警察署，派出所若しくは駐在所への連行
- ○　答弁の強要

これは，職務質問は飽くまで任意活動であるから強制にわたってはならないという大原則を，法文上，具体化したものである。

> 本項の反対解釈として，刑訴法の規定による場合は，「身柄の拘束」と「連行」の禁止は解除される。つまり，不審者につき逮捕の要件が備わっている場合は逮捕・引致をなし得る。もっとも「答弁の強要」の禁止は解除されないと解される（刑訴法198条2項参照）。

イ　任意同行に際しての有形力行使と「身柄の拘束」「連行」

　「停止させるための有形力行使」が許される場合があるのと同様，職務質問に伴う任意同行（同行要求を含む。）に際しても，一定の有形力を行使できる場合があるが，いずれの有形力行使についても，職務質問や任意同行に際しての「身柄の拘束」や「連行」が禁じられている点に留意しなければならない。

　特に，任意同行に際しての有形力行使は，「停止させるための有形力行使」よりも直接的なものとなりやすい結果，「身柄拘束」や「連行」と評価されやすいので，より慎重にならなければならない。

(7)　被逮捕者の身体捜検（4項）

> 警察官は，刑事訴訟に関する法律により逮捕されている者については，その身体について凶器を所持しているかどうかを調べることができる。
>
> 簡略化できる部分なし

要　件	効果（行使できる権限）
刑事訴訟に関する法律により逮捕されている者がいること 　└権限行使の対象者	警察官は，対象者の身体について，凶器を所持しているかどうかを調べることができる。 法的性質：即時強制

ア　意　義

　本項は，被逮捕者の身体捜検（以下単に「身体捜検」という。）について定めている。身体捜検とは，刑事訴訟に関する法律により逮捕されている者の身体について，凶器を所持しているかどうかを調べることであり，「凶器捜検」ともいう。

　身体捜検の権限は，逮捕に際して，警察官が自らの危険防止を図るとともに，被逮捕者の自傷行為を防止するために付与されている。身体捜検は，即時強制であり，相手方が明確に拒んだとしても，実力を行使して強制的に身体を調べることができる。

イ　警察活動における位置付け

　警察官は，不審者や被逮捕者に対してボディーチェックを行うことができるが，その法的根拠は段階ごとに異なる。以下にその概念図を示す。

〈　段階ごとのボディーチェック　〉

職務質問	逮捕	引致	留置
所持品検査	逮捕の現場における捜索・差押え・検証	被逮捕者の身体捜検	留置開始時の身体検査
警職法2条1項	刑訴法220条1項2号	警職法2条4項	刑事収容施設法212条1項

　便宜上，身体捜検は引致の段階で行うものと表現したが，実際は，「刑事訴訟に関する法律により逮捕されている者」であれば，時間や場所を問わず，身体捜検をなし得る。つまり，身体捜検は，逮捕直後であっても，引致の途中であっても，弁解録取や取調べの途中であっても，留置開始時であっても，行うことができるし，逮捕の現場以外の場所でも行うことができる。

　これに対し，逮捕の現場における捜索・差押えは，逮捕直後に逮捕の現場でしか行えず，また，留置開始時の身体検査は留置を開始した後にしか行えない。身体捜検の権限が，被逮捕者に対するボディーチェックの権限としては最も汎用的である。

> 　逮捕の現場における被逮捕者の身体に対する捜索・差押えは，受傷事故防止に配意しながら行うわけであるから，法的には，被逮捕者に対する身体捜検を同時に実施しているものと捉えることもできる。

ウ　対象者

　身体捜検の対象者は「刑事訴訟に関する法律により逮捕されている者」である。ここにいう「逮捕」は，身柄拘束の意であるから，勾留されている者や鑑定留置されている者なども，身体捜検の対象者である。

> 　1　「刑事訴訟に関する法律により逮捕されている者」であることは，純客観的に判断可能であり，警察官の判断が介在する余地はないから，条文上，「認める」のような現場での合理的判断を尊重する旨

> を定める部分は存在しない。
>
> 2 「逮捕されている者」が対象であることから，私人が現行犯逮捕して警察官に引き渡された者も，身体捜検の対象者である。これに対し，私人が現行犯逮捕して警察官に引き渡された者の身体について，逮捕の現場における捜索・差押えをすることはできない。

エ 「凶器」の意義

身体捜検は凶器の発見を目的とするものであるが，「凶器」とは，社会通念上，人を殺傷する能力を有する器具を指し，もともと人を殺傷する道具として製作され又は性能として殺傷力を有する「性質上の凶器」（拳銃，日本刀，刃物など）のほか，用法によっては人を殺傷することができる「用法上の凶器」（鉄パイプ，ドライバーなど）も含まれる。

オ 限　　界

身体捜検は，即時強制であるから，相手方の意に反してでも強制的に実施することができるが，飽くまで警察官の危険防止や被逮捕者の自傷防止を図るための手段として許されるものであるから，当該目的を達成する上で必要な限度でしか行うことができない。

したがって，衣服を着用した状態で，衣服の上から触手により調べるのが原則であり，それで十分に調べることができない場合に限り，衣服や靴，靴下を脱がせたり，懐中，ポケットの中に手を差し入れて調べることができるが，裸にすることはできない。

カ 凶器発見時の措置

本項は，身体捜検の権限を定めるのみで，凶器発見時の措置については何も定めていない。しかしながら，警察官に身体捜検の権限が付与された趣旨からすれば，発見した凶器を取り上げることができなければならない。条文上明示されていないものの，本項は，発見された凶器を警察官が取り上げて一時保管することを認めていると解される。

その上で，当該凶器については，犯罪の証拠物として差押え又は領置（刑訴法上の領置）の手続をとるか，又は留置開始時に領置（刑事収容施設法上の領置）の手続をとることになる。

5 警職法3条（保護）

(1) 保護の要件及び方法（1項）

警察官は，異常な挙動その他周囲の事情から合理的に判断して左の各号の一に該当することが明らかであり，且つ，応急の救護を要すると信ずるに足りる相当な理由のある者を発見したときは，取りあえず警察署，病院，救護施設等の適当な場所において，これを保護しなければならない。

一　精神錯乱又は泥酔のため，自己又は他人の生命，身体又は財産に危害を及ぼすおそれのある者

二　迷い子，病人，負傷者等で適当な保護者を伴わず，応急の救護を要すると認められる者（本人がこれを拒んだ場合を除く。）

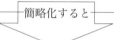
簡略化すると

◆この条文をベースに学習！

警察官は，<u>次の各号のいずれかに該当することが明らか</u>であり，かつ，応急
　　　　　　└ 異常な挙動その他周囲の事情から合理的に判断して
の救護を要する者を発見したときは，取りあえず警察署等の適当な場所において，これを保護しなければならない。

一　<u>精神錯乱者又は泥酔者</u>
　　　└ 自己又は他人の生命，身体又は財産に危害を及ぼすおそれのある者に限定

二　<u>迷い子，病人，負傷者等</u>（本人が保護を拒んだ場合を除く。）
　　　└ 適当な保護者を伴わない者に限定

要　件	効果（義務の内容）
（1号関係） ①警察官が精神錯乱者，泥酔者を発見したこと　└保護の対象者 ※自己又は他人の生命，身体又は財産に危害を及ぼすおそれのある者に限定 ②その者が応急の救護を要すること	警察官は，対象者を，警察署等の適当な場所において保護しなければならない。 法的性質：即時強制
（2号関係） ①警察官が迷い子，病人，負傷者等を発見したこと　└保護の対象者 ※適当な保護者を伴わない者に限定 ②その者が応急の救護を要すること	警察官は，対象者を，警察署等の適当な場所において保護しなければならない。ただし，対象者が保護を拒んだ場合を除く。 法的性質：任意活動

ア　意　義

本条は，保護に関する規定であり，1項において保護の要件及び方法を，2項から5項までにおいて保護実施後の措置等を定めている。

イ　保護の対象者

保護の対象者は，精神錯乱者と泥酔者（1号），迷い子，病人，負傷者等（2号）である。いずれも「応急の救護を要する」状態にあることを要する。

保護の対象者が1号と2号に分けて規定されている理由は，次の2点である。

① 1号に掲げられた精神錯乱者と泥酔者（以下「1号該当者」という。）は，「自己又は他人の生命，身体又は財産に危害を及ぼすおそれのある」者に限り保護の対象となる[58]。これに対し，2号に掲げられた迷い子，病人，負傷者等（以下「2号該当者」という。）は，「適当な保護者を伴わない」者に限り，保護の対象となる。

② 2号該当者は，本人が保護を拒んだ場合は，保護の対象とならないのに対し，1号該当者は，たとえ本人が保護を拒んだとしても，保護の対象となるという違いがある。

---

[58] もっとも，「自己又は他人の生命，身体又は財産に危害を及ぼすおそれ」がない精神錯乱者や泥酔者というのは，自宅で就寝中といった場合を除けば，あまり想定できない。基本的に，精神錯乱者や泥酔者は，「自己又は他人の生命，身体又は財産に危害を及ぼすおそれのある者」であると考えてよいであろう。

【条文の解釈】

㋐ 「精神錯乱者」の意義

「精神錯乱」とは，精神が明らかに正常でない状態を指し，そのような状態に至った原因を問わない。単に精神的に不安定というだけでは，これに該当しない。

㋑ 「泥酔者」の意義

「泥酔」とは，アルコールの影響により意識が混濁し，正常な判断能力や意思能力を欠いた状態を指す。

なお，「泥酔」には至らないものの深酔いした状態を指す概念として「酩酊」がある。酩酊状態にある者（酩酊者）は本条による保護の対象とはならないが，酩規法による保護の対象となり得る。

㋒ 「迷い子，病人，負傷者等」の意義

自己の生命及び身体の安全を確保する能力に乏しい属性の者を例示したものである。これらの者は，適当な保護者に伴われている場合は，応急の救護を要する状態にならないことから，適当な保護者を伴わない場合に限り保護の対象となる。

㋓ 「応急の救護を要する」の意義

その者の生命，身体及び財産を守るため，直ちに救護することが必要な差し迫った状況を指す。

ウ 法的性質

1号該当者の保護は，対象者が抵抗したとしても，実力を行使して強制的に実施することができるものであり，即時強制としての性質を有している。

これに対し，2号該当者の保護は，本人が保護を拒んだ場合には実施することができないため，相手方の同意に基づき行う非侵害的行政活動（任意活動）と位置付けられる。

> 2号該当者について，本人が保護を拒んだ場合は保護の対象とならないのは，2号該当者は，通常，正常な意思能力を有しており，正常な意思能力に基づき保護を明確に拒絶するのであれば，保護を実施すべきでないと考えられることによる。もっとも，本人が正常な意思能力を欠いている場合は，たとえ拒絶する旨の言動があったとしても，

> 保護の意味を正しく理解した上で拒絶しているとは解されないことから，「本人がこれを拒んだ場合」には該当せず，保護を実施することができる。例えば，保護者を伴わない幼児が「知らない人には付いていかない」と言いつつ保護を拒絶したとしても，保護を実施することができる。

エ 保護の実施義務

ウにおいて「実施することができる／できない」との表現を用いたとおり，保護は，一面において警察官の権限であるが，条文上は，「……保護しなければならない。」との文言が用いられているので，正確には，保護は，警察官の権限であると同時に義務でもある。本項所定の要件を全て満たしている対象者については，警察官は，保護を実施する権限を有するとともに，保護を実施すべき職務上の義務が生じる。

オ 保護の場所

条文上，保護は「警察署，病院，救護施設等の適当な場所において」実施するものとされている。これらは例示であり，その他の場所であっても，救護の実施に適していれば，保護の場所としてよい。

カ 実力の行使

2号該当者の保護は，本人の承諾の下に行うものであるから，保護に際して実力を行使することは，基本的に想定されない[59]。これに対し，1号該当者の保護に際しては，対象者が激しく抵抗することもあり，そのような場合は，実力行使なしに保護を実施することは困難である。

この点，1号該当者の保護は，即時強制であるから，対象者の抵抗を排除し，あるいは保護の場所まで連行するために，必要最小限度の実力を行使することは，当然に許される。

この実力行使に際しては，必要があれば，手錠やマット等の戒具を用いることもできるが，その使用は，具体的状況の下で，真にやむを得ない限度でなければならない。例えば，背中の側で両手錠を掛ける「後ろ手錠」は，苛酷であり，通常の施用方法では措置し得ないような特別の事情がない限り，保護の手

---

59) ただし，例えば，保護者を伴わない幼児が保護を拒んだ場合には，手を引っ張ったり，抱きかかえてパトカーへ乗せたりするなど，必要最小限度の実力を行使して保護を実施することができると解される。

段としては許容されない。

> 保護の実施には危険を伴う以上，警察官が，保護の実施に際して所持品検査を行い，危険物（刃物等）を取り上げることは，当然に許される。保護の対象者が有する危険性を取り除き，無力化を図るための措置は，本人の安全にも資するものであり，「保護」の概念に内包されていると考えてよいであろう。

(2) 保護実施後の措置等（2項から5項まで）

2　前項の措置をとった場合においては，警察官は，できるだけすみやかに，その者の家族，知人その他の関係者にこれを通知し，その者の引取方について必要な手配をしなければならない。責任ある家族，知人等が見つからないときは，すみやかにその事件を適当な公衆保健若しくは公共福祉のための機関又はこの種の者の処置について法令により責任を負う他の公の機関に，その事件を引き継がなければならない。

3　第1項の規定による警察の保護は，24時間をこえてはならない。但し，引き続き保護することを承認する簡易裁判所（当該保護をした警察官の属する警察署所在地を管轄する簡易裁判所をいう。以下同じ。）の裁判官の許可状のある場合は，この限りでない。

4　前項但書の許可状は，警察官の請求に基き，裁判官において已むを得ない事情があると認めた場合に限り，これを発するものとし，その延長に係る期間は，通じて5日をこえてはならない。この許可状には已むを得ないと認められる事情を明記しなければならない。

5　警察官は，第1項の規定により警察で保護をした者の氏名，住所，保護の理由，保護及び引渡の時日並びに引渡先を毎週簡易裁判所に通知しなければならない。

ア　家族等への通知（2項第1文）

本条に基づく保護を実施した場合には，被保護者の家族，知人等関係者に保護の事実を通知し，被保護者の引取りについて必要な手配をしなければならな

い。この通知は，できる限り速やかに行うものとされている。

> 　家族や知人等への通知は，被保護者の人定事項が判明しない限り行うことができないが，1号該当者が警察官に対して自己の人定事項を正確に申告する（できる）とは限らない。そのため，1号該当者を保護した場合には，所持品を検査して運転免許証等から身元を確認することも許容される。

イ　関係機関への引継ぎ（2項第2文）

　責任ある家族，知人等が見つからないときには，法令により保護責任を負う関係機関，又は保護責任は負わないものの保護能力を有する関係機関に，被保護者を引き継がなければならない。

> 1　「責任ある」とは，保護の意思と能力を備えていることを指す。そのため，例えば家族が引取りを拒んだ場合は，「責任ある家族，知人等が見つからないとき」に該当する。
> 2　引継ぎ先となるべき機関は，例えば，迷い子であれば児童相談所，病人であれば病院である。

ウ　保護の期間（3項，4項）

　保護は，保護に着手してから24時間を超えて継続してはならない。そのため，保護に着手してから24時間以内に，保護を解除するか（要保護性が消失した場合），家族等に通知して引き取らせるか，関係機関に引き継ぐのが原則である。

　しかしながら，この期間内にいずれの措置も講じることができない場合もある。そのため，24時間を超えても保護を継続すべき必要性がある場合には，例外的に，簡易裁判所の裁判官の許可を得ることで，24時間を超えて保護を継続することができる。この許可状は，警察官の請求に基づき，簡易裁判所の裁判官がやむを得ないと認めた場合に発せられる。

　ただし，その延長に係る期間は，通じて5日（保護に着手した日から起算して5日間）を超えてはならない。

エ　簡易裁判所への通知（5項）

警察官は，被保護者の氏名，住所，保護の理由，保護・引渡しの日時及び引渡先を，毎週，簡易裁判所に通知しなければならない。

> **発展**　**保護と犯罪捜査**
>
> 犯罪捜査以外の行政目的を達成するための権限を，犯罪捜査に用いることは許されないから，犯罪捜査の手段として保護を実施することは，許されない。
>
> 他方，保護を契機として捜査の端緒を得，犯罪捜査を開始することは，何ら妨げられない。例えば，身元確認のための所持品検査中に，被保護者の所持品の中から覚醒剤を発見した場合は，覚醒剤所持の事実で検挙することができる。

参考　酩酊者の保護（酩規法3条1項）

> 警察官は，酩酊者が，道路，公園，駅，興行場，飲食店その他の公共の場所又は汽車，電車，乗合自動車，船舶，航空機その他の公共の乗物において，粗野又は乱暴な言動をしている場合において，当該酩酊者の言動，その酔いの程度及び周囲の状況等に照らして，本人のため，応急の救護を要すると信ずるに足りる相当の理由があると認められるときは，とりあえず救護施設，警察署等の保護するのに適当な場所に，これを保護しなければならない。

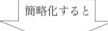
簡略化すると

◆この条文をベースに学習！

> 警察官は，酩酊者が，公共の場所又は乗物において，粗野又は乱暴な言動をしている場合において，<u>本人のため，応急の救護を要するときは，</u>
>
> | 当該酩酊者の言動，その酔いの程度及び周囲の状況等に照らして |
>
> とりあえず救護施設，警察署等の保護するのに適当な場所に，これを保護しなければならない。

要　件	効果（義務の内容）
①警察官が，公共の場所又は乗物において粗野又は乱暴な言動をしている酩酊者を発見したこと └ 保護の対象者 ②酩酊者本人のために応急の救護を要すること	警察官は，対象者を，警察署等の適当な場所において保護しなければならない。 法的性質：即時強制

　酩規法3条の保護は，警職法3条の規定による泥酔者の保護とよく似た制度である。しかし，似ているとは言えど，制度趣旨も要件も異なるので，ここで相違点を整理しておく。

(1) 制度趣旨

　酩規法の正式名称は，「酒に酔つて公衆に迷惑をかける行為の防止等に関する法律」であり，公共の場所又は乗物における酩酊者の行為を規制し，救護を要する酩酊者を保護する措置を講ずることにより，過度の飲酒が個人や社会に及ぼす害を防止することを目的としている。なお，同法の略称である「酩規法」は，同法の俗称である酩酊者規制法を略したものである。
　同法における保護の制度は，警職法の保護の対象とならない酩酊者を保護できるようにすることで，過度の飲酒が個人や社会に及ぼす害の防止を図ろうとするものである。

(2) 要件

　次の2つの要件を満たす場合に，保護が可能となる。
　　①警察官が，公共の場所又は乗物において粗野又は乱暴な言動をしている酩酊者を発見したこと
　　②酩酊者本人のため，応急の救護を要すること
　警職法の保護との大きな違いは，酩酊者の現在地（公共の場所又は乗物）とその言動（粗野又は乱暴な言動）が要件とされていることである。これは，酩規法の正式名称やその目的からも明らかなとおり，同法は，公衆への迷惑行為が社会に害を及ぼすことの防止を目的の一つとしているためである。

(3) 要件充足の効果

要件充足の効果は，警職法3条の保護とほぼ同じであり，警察官は，保護の要件を満たす酩酊者を発見したときは，保護すべき職務上の義務を負う。また，保護の実施に際して実力を行使できること（即時強制），親族等への通知が必要となること，24時間を超えて保護を継続できないことも同じである。

相違点は，親族等が引き取らない場合であっても，関係機関への引継ぎは義務付けられておらず，また，24時間を超えて保護を継続することはできない点である。アルコールの影響は時間の経過とともに減衰し，通常，24時間を超えて残存することはないからである。

> なお，保護した酩酊者（※）がアルコールの慢性中毒者又はその疑いのある者であると認めたときは，速やかに，最寄りの保健所長に通報しなければならない（酩規法7条）。
> ※警職法に基づき保護した泥酔者を含む。

(4) 警職法の保護との関係

「泥酔」は，高度に酩酊した状態であり，「酩酊」の概念に包含される。そのため，酩規法による保護の対象者（酩酊者）が同時に警職法による保護の対象者（泥酔者）であることもある。そのような場合，実務的には，警職法による保護を実施している。酩規法の保護は，公衆に迷惑が及ぶことを防ぐため，警職法の保護の対象とならない酩酊者を保護できるようにするとの趣旨で設けられた制度だからである。

〈 保護の対象者の範囲 〉

6　警職法4条（避難等の措置）

⑴　避難等の措置（1項）

　警察官は，人の生命若しくは身体に危険を及ぼし，又は財産に重大な損害を及ぼす虞のある天災，事変，工作物の損壊，交通事故，危険物の爆発，狂犬，奔馬の類等の出現，極端な雑踏等危険な事態がある場合においては，その場に居合わせた者，その事物の管理者その他関係者に必要な警告を発し，及び特に急を要する場合においては，危害を受ける虞のある者に対し，その場の危害を避けしめるために必要な限度でこれを引き留め，若しくは避難させ，又はその場に居合わせた者，その事物の管理者その他関係者に対し，危険防止のため通常必要と認められる措置をとることを命じ，又は自らその措置をとることができる。

簡略化すると

◆この条文をベースに学習！

　警察官は，天災，事変，工作物の損壊，交通事故，危険物の爆発等の危険な
　　　　　　　　　　┗ 人の生命・身体に危険を及ぼし，又は財産に重大な損害を及ぼすおそれのある

事態がある場合においては，関係者に必要な警告を発することができる。
　　　　　　　　　　　　　　┗ その場に居合わせた者，その事物の管理者など

　さらに，特に急を要する場合においては，危害を受ける者を引き留め，若しくは避難させ，又は関係者に対し，危険防止のため通常必要な措置をとること
　　　　　　　　　　　　　　　　　┗ その場に居合わせた者，その事物の管理者など
を命じ，又は自らその措置をとることができる。

要　件	効果（行使できる権限）
（警告関係） 　危険な事態が生じていること ※人の生命，身体に危険を及ぼし，又は財産に重大な損害を及ぼすおそれのある事態に限定	警察官は，例えば次のような関係者に対し，必要な警告を発することができる。 　①その場に居合わせた者 　②その事物の管理者 法的性質：行政指導
（強制的措置関係） ①危険な事態が生じていること ※人の生命，身体に危険を及ぼし，又は財産に重大な損害を及ぼすおそれのある事態に限定 ②特に急を要すること	（「引き留め，避難させ」る措置） 警察官は，危害を受ける可能性のある者を引き留め，又は避難させることができる。 法的性質：即時強制
	（措置命令） 警察官は，例えば次のような関係者に対し， 警告の対象となる関係者と同じ 危害防止のため通常必要な措置をとるよう命じることができる。 　①その場に居合わせた者 　②その事物の管理者 法的性質：行政行為（下命）
	（警察官による措置） 警察官は，危害防止のため通常必要な措置を自らとることができる。 法的性質：即時強制

ア　意　義

　警察は，個人の生命，身体及び財産の保護を責務とすることから，これらに危険（損害）が及ぶおそれのある事態が生じたときは，その防止に向けた措置を講ずることが求められる。

　この点，通常，危険な状態にある者は，自ら進んで危険を回避しようとするし，その場に居合わせた者も助力するであろうから，それらと相まって警察官の措置は容易になる。また，警察官の措置に際し，危険な状態にある者に対して実力を行使し，又はその所持する物を破壊するといった，強制にわたる性質を帯びた行為に及ぶとしても，通常は，その者の承諾に基づき任意活動として行うことができる。

　しかし，危険な状態にある者がその場所にとどまることに固執する場合や，

危険な状態にあることに本人が気付いていない場合であっても，実力を行使して危険な事態から救助することが必要となる。また，そうした措置をとるに際し，関係者の助力が不可欠な状況であれば，関係者に助力させる必要がある。

警職法4条においては，それらを可能とするための権限が定められている。

イ 要 件

① 危険な事態が生じていること（警告，強制的措置に共通）

危険な事態は，条文上，「人の生命若しくは身体に危険を及ぼし，又は財産に重大な損害を及ぼすおそれのある危険な事態」との限定が付されている。

「危険」とは，単に抽象的に危険だという状況を指すものではなく，現実に具体的な危険が生じている状況を指す。

条文上，類型的に具体的な危険が生じている事態として，天災，事変，危険物の爆発等が例示されており，更に，狂犬，奔馬の類等の出現といったレトロな雰囲気を漂わせている例も掲げられているが，これらと同程度に具体的な危険が生じている事象は，例示に含まれていなくても，「危険な事態」たり得る。

② 特に急を要すること（強制的措置にのみ必要とされる）

具体的な危険が切迫しており，直ちに措置を講じなければ危険を回避することができないような状況を指す。

ウ 行使できる権限

① 警 告

警察官は，その場に居合わせた者，その事物の管理者等の関係者に対し，必要な警告を発することができる。

「必要な警告」とは，危険からの避難又は危険防止のためにとるべき必要な措置等について，指導・勧告等を行うことを指す。この警告は，行政指導としての性質を有し，警告を受ける者は，警告を受けること自体は受忍しなければならないが，警告に従うべき義務を負わない。

> 1 条文の解釈
> ○「その場に居合わせた者」とは，危険な事態の発生場所やその周辺にいる者を指し，野次馬も含まれる。
> ○「事物の管理者」とは，例えば，工作物の損壊であればその所有者，狂犬や奔馬であればその飼い主である。

> ○「その他関係者」には，その事態により被害を受ける可能性のある者が含まれる。
>
> ※これらの解釈は，後述する措置命令の対象者についても同じである。
>
> 2 警告の方法は，口頭によることが一般的であるが，文書の掲示，警笛・サイレンの吹鳴，ロープの展張等の方法によることもできる。
>
> 3 警告は，行政指導であるが，警察官が現場で行うものであるから，行政手続法は適用されない。

② 強制的措置—「引き留め，避難させ」

警察官は，危害を受ける可能性のある者を引き留め，又は避難させることができる。具体的には，危険な場所へ立ち入ろうとする者を引き留め，危険な場所にいる者をその場から退避させることができる。即時強制であり，実力を行使することができる。

③ 強制的措置—関係者に対する措置命令

警察官は，その場に居合わせた者，その事物の管理者等の関係者に対し，危害防止のため通常必要な措置をとるよう命ずることができる。

「通常必要な措置」の内容は，具体的状況に応じて異なるが，現実の危害を防止する上で必要な最小限度のものに限られる。

この措置命令は，行政行為のうちの下命であり，措置命令を受けた者には，これに従い措置を講ずべき法的義務が生じる。

> 警職法上，措置命令に従わない者に対する制裁は設けられていないが，軽犯罪法1条8号（変事非協力の罪[60]）の適用があり得る。

④ 強制的措置—警察官が自らとる措置

警察官は，危害防止のため通常必要な措置を自らとることができる。条文上，いかなる場合にこの権限を行使するかは定められていないが，関係者に措置命

---

60) 風水害，地震，火事，交通事故，犯罪の発生その他の変事に際し，正当な理由がなく，公務員から援助を求められたのにかかわらずこれに応じなかった者について成立し，拘留又は科料に処せられる。

令をする時間的余裕がない場合や，関係者による措置を待っていたのでは間に合わない場合，関係者が措置命令に従わない場合などに，この権限を行使することが想定される。この措置は，即時強制であり，相手方の意思に反してでも実力を行使して措置を講ずることができる。

> 1　関係者が措置命令に従わない場合に警察官が自ら措置をとることは，代執行ではない。なぜなら，この場合，警察官は，個別法により自らに与えられた権限を行使するのであり，義務者（措置命令の相手方）の義務を代わりに履行するものではないからである。
>
> 2　この警察官の措置は，権限として規定されているが，裁量権がゼロ収縮すると，権限が義務に転化する。

(2)　公安委員会への報告（2項）

本条1項の規定により警察官が措置をとった場合は，所属の公安委員会に報告しなければならない。

この報告は，応急的な対処がなされた事態について，更に根本的な対処が求められる場合に，公安委員会から，本来的責任を有する他の公の機関（国の機関，市町村の機関，都道府県の他の執行機関など）に状況を連絡して，根本的な対処を促すことを可能にするために必要とされる。

報告を受けた公安委員会は，他の公の機関に対し，その後の措置について必要と認められる協力を求めるために適当な措置を講じなければならない。

7　警職法5条（犯罪の予防及び制止）

> 警察官は，犯罪がまさに行われようとするのを認めたときは，その予防のため関係者に必要な警告を発し，又，もしその行為により人の生命若しくは身体に危険が及び，又は財産に重大な損害を受ける虞があつて，急を要する場合においては，その行為を制止することができる。

◆この条文をベースに学習！

警察官は、犯罪がまさに行われようとするときは、その予防のため関係者に必要な警告を発することができる。

さらに、急を要する場合においては、その行為を制止することができる。

> 犯罪行為により人の生命・身体に危険が及び、又は財産に重大な損害を受けるおそれがあることが必要

要　件	効果（行使できる権限）
（警告関係） 犯罪がまさに行われようとしていること	警察官は、犯罪の予防のため、関係者に警告を発することができる。 法的性質：行政指導
（制止関係） ①犯罪がまさに行われようとしていること ②急を要すること ※犯罪行為により人の生命・身体に危険が及び、又は財産に重大な損害を受けるおそれがあることが必要	警察官は、犯罪行為を制止することができる。 法的性質：即時強制

(1) 意　義

本条は、犯罪の発生が強く予想される事態に対処する上で必要となる警察官の権限として、「警告」と「制止」の権限を定めたものである。

(2) 要　件

ア　犯罪がまさに行われようとしていること（警告と制止に共通）

「犯罪がまさに行われようとする」とは、「犯罪」が行われる可能性が迫っており、それが客観的に明らかな状態となっていることを指す。

なお、ここにいう「犯罪」の意義については、2条1項における「犯罪」の意義と同じであり（→149頁〜）、犯罪構成要件に該当する違法な行為を指し、

有責な行為であることを要しない。なぜなら，犯罪成立要件としての有責性は，行為者に刑事責任を問うことができるか否かという観点からのものであるが，犯罪による被害を防止する観点からは，有責な行為であるか否かは全く関係ないからである。よって，心神喪失者や刑事未成年者により違法な行為がまさに行われようとしている場合には，本条所定の権限を発動することができる。

> 刑法上の違法性阻却事由とされている行為（正当行為，正当防衛，緊急避難に当たる行為）は，違法な行為ではないから，本条に基づく警告や制止の対象とならない。

イ 急を要すること（制止の要件）

「急を要する」とは，その時点で直ちに制止しなければ犯罪行為が行われてしまう場合を指す。

> 実行の着手がしばらく先であると見込まれる場合であっても，その時点で制止しなければ実行の着手を防ぐことができないならば，「急を要する」と言える。

なお，「急を要する」と判断する前提として，犯罪行為により人の生命・身体に危険が及び，又は財産に重大な損害を受けるおそれが存在することが必要である。

> ここにいう「人」には，犯罪行為の客体にされようとしている者のほか，犯罪行為の巻き添えとなるおそれのある者や犯人自身も含まれる。

(3) 行使できる権限

ア 警　　告

警察官は，犯罪の予防のため，関係者に警告を発することができる。ここにいう「関係者」とは，例えば，犯罪行為を行おうとしている者，その被害（巻き添えを含む。）を受けるおそれのある者を指し，「警告」とは，犯罪行為の中止や危害の回避等を求めることを指す。この警告は，行政指導としての性質を

有し，警告を受ける者は，警告を受けること自体は受忍しなければならないが，警告に従うべき義務を負わない。

> 1 警告の方法は，口頭によることが一般的であるが，文書の掲示，警笛・サイレンの吹鳴，ロープの展張等の方法によることもできる。
>
> 2 警告は，行政指導であるが，警察官が現場で行うものであるから，行政手続法は適用されない。
>
> 3 警告は，任意活動であるから，実質的な強制にわたるようなものとなってはならない。例えば，拳銃を構えることは，事実上，相手方の意思を制圧するものであり，警告の方法としては採り得ない（警職法7条所定の要件を満たさない限り，拳銃を構えることはできない。）。

イ 制 止

警察官は，急を要するときは，犯罪行為を制止することができる。ここにいう「制止」とは，犯罪行為を実力で阻止することを指し，その法的性質は，即時強制である。例えば，犯罪企図者を抱き止めたり，犯罪企図者から凶器を取り上げたりすることが「制止」に当たる。

制止の権限は，飽くまで犯罪の予防のためのものであるから，それに必要な限度でしか行使することができない（比例原則）。

> **発 展** 現行犯鎮圧の法理
>
> 条文上，本条所定の権限（警告及び制止）は「犯罪がまさに行われようとする」場合に行使できるとされており，犯罪発生後でも行使できるとは書かれていない。そのため，犯罪発生後に，本条に基づく制止をすることはできない。
>
> そうすると，警告は個別法の根拠を要しない行政指導であるから，犯罪発生後であっても行い得る一方，個別法の根拠を要する即時強制である制止は，犯罪発生後には行い得ないという結論に至る。しかし，犯罪が発生すれば，現行犯逮捕が可能になるのであるから，逮捕をせずとも制止により被害の発生や拡大を阻止できる場合には，現行犯逮捕に代えて制止をすることができるものと

解されている。そのような考え方は「現行犯鎮圧の法理」と呼ばれ，より侵害の程度の低い手段で代替するものである以上，「法律の留保の原則」にも反しないとされる。

「現行犯鎮圧の法理」による制止は，警職法5条に基づくものではないから，同条所定の要件は適用されず，犯罪実行行為が継続している限りは，それにより人の生命・身体に危害が及ぶおそれや，財産に対する重大な被害が及ぶおそれがなくとも，また，急を要する状況でなくとも，制止をすることができる。

8　警職法6条（立入り）

(1)　はじめに

本条は，警察の責務を達成する上で必要となる立入りについて定めたものである。本条は4項から成り，1項は，4条及び5条に規定する危険な事態が発生した場合における即時強制としての立入りを，2項は，行政調査としての公開の場所への立入りを規定している。また，3項と4項においては，立入り時の注意事項等を定めている。

(2)　危険時の立入り（1項）

> 警察官は，前2条に規定する危険な事態が発生し，人の生命，身体又は財産に対し危害が切迫した場合において，その危害を予防し，損害の拡大を防ぎ，又は被害者を救助するため，已むを得ないと認めるときは，合理的に必要と判断される限度において他人の土地，建物又は船車の中に立ち入ることができる。

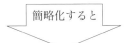
簡略化すると

◆この条文をベースに学習！

警察官は，4条及び5条に規定する危険な事態が発生し，人の生命，身体又は財産に対し危害が切迫した場合において，やむを得ないときは，他人の土地，

危害を予防し，損害の拡大を防ぎ，又は被害者を救助するため

建物又は船車の中に立ち入ることができる。

要　件	効果（行使できる権限）
①４条及び５条に規定する危険な事態が発生していること ②人の生命，身体又は財産に対する危害が切迫していること ③やむを得ないこと（※） ※危害を予防し，損害の拡大を防ぎ，又は被害者を救助するため真に必要であること	警察官は，他人の土地，建物等の中に立ち入ることができる。 法的性質：即時強制

ア　要　件

　４条及び５条に規定する危険な事態が発生し，人の生命，身体又は財産に対する危害が切迫した場合において，やむを得ないことが，本項の立入りの要件となる。

【復習】

４条に規定する危険な事態
　人の生命若しくは身体に危険を及ぼし，又は財産に重大な損害を及ぼすおそれのある天災，事変，工作物の損壊，交通事故，危険物の爆発，狂犬，奔馬の類等の出現，極端な雑踏等の事態

５条に規定する危険な事態
　犯罪がまさに行われようとしている事態

　なお，「やむを得ない」との判断は，「危険な事態」に起因する危害を予防し，損害の拡大を防ぎ，又は被害者を救助する上で，立入りが真に必要であるか否かの観点から行う必要がある。

　１　「危険な事態」が発生し，かつ，危害が切迫しても，敷地外からの警告等の方法により，他人の土地等に立ち入らずとも危害の発生・拡大を防ぐことができそうなときは，それによるべきである。その意味で，「やむを得ない」の要件は，補充性を求めるものに近

> いが，事態が切迫する中での即座の判断である以上，他の手段がおよそ物理的に存在しないことまでを要するものではなく，現実的に利用可能な他の手段がなければ，「やむを得ない」の要件を満たすと解される。
>
> 2　本項の立入りは，保護（3条）の手段としては規定されていないので，純粋に保護の手段として他人の土地，建物等に（即時強制として）立ち入ることはできない。他方，精神錯乱者が他人に危害を与えようとしている場合など，保護の要件を満たしているだけでなく「危険な事態」も生じているときは，本項の立入りを行うことができる。

イ　立入りの方法

　本項の立入りは，即時強制であり，居住者や管理者等の意思に反してでも強制的に実施することができる。また，必要があれば，社会通念上相当と認められる限度で，立入りを妨害する者を排除したり，鍵を破壊したりすることもできる。

(3)　公開の場所への立入り（2項）

> 　興行場，旅館，料理屋，駅その他多数の客の来集する場所の管理者又はこれに準ずる者は，その公開時間中において，警察官が犯罪の予防又は人の生命，身体若しくは財産に対する危害予防のため，その場所に立ち入ることを要求した場合においては，正当の理由なくして，これを拒むことができない。

簡略化すると

=== ◆この条文をベースに学習！ ===

　警察官は，興行場，旅館，料理屋，駅その他多数の客の来集する場所の管理者又はこれに準ずる者に対し，その公開時間中に限り，立入りに応じるよう要求することができる。

　この場合において，要求を受けた者は，正当な理由なくして，これを拒むこ

とができない。

要件（立入りの対象）	効果（行使できる権限）
①興行場，旅館，料理屋，駅その他多数の客の来集する場所であること ②公開時間中であること	警察官は，立入りの対象となる場所の管理者又はこれに準ずる者に対し，立入りに応じるよう要求することができる。 ※要求を受けた者は，正当な理由なくして，これを拒むことができない。 法的性質：行政調査

ア　要　件（立入りの対象）

　本項の立入りの対象となる場所は，条文上例示された「興行場，旅館，料理屋，駅」のほか，「その他多数の客の来集する場所」である公共交通機関，遊園地，遊技場等である。料金を徴収しているか否かを問わない。ただし，「公開時間中」に限られる。

> 1　多数の客の来集する場所であっても，その中に非公開部分（旅館の客室・飲食店の厨房・駅の事務室等の不特定の外来者が立ち入ることのできない部分）があるときは，その部分は立入りの対象とならない。
>
> 2　「公開時間」とは，現実に不特定多数の者が出入り可能な時間のことである。よって，法令による営業時間制限に違反して営業している場合であっても，「公開時間中」と判断できる場合がある。
>
> 3　本項の立入りは，警察官が，犯罪の予防又は人の生命，身体若しくは財産に対する危害予防を目的として行うものとされているから，形式的には，警察官がこれらの目的を有していることも要件である。しかし，警察官の活動が「警察の責務」を達成する目的で行われることは，いわば当然のことであるから，この部分は，事実上，要件としての機能を果たしていない。そのため，本書においては，要件として掲げていない。

イ　立入要求

　本項の立入りは，警察官に立入権限を付与したものではなく，立入りに応じるよう要求する権限を定めたものである。

　立入要求は，立入りの対象となる場所の管理者又はこれに準ずる者に対して行う。「管理者に準ずる者」とは，管理者からその場所の管理を委任されたり，管理を受任していないが現実にその場所を支配しており警察官の立入りについて諾否の判断ができる者を指す。例えば，駅の改札係員はこれに当たる。

ウ　応諾義務

　立入要求を受けた管理者等は，「正当な理由」がない限り，要求を拒むことはできず，事実上，応諾義務が課せられている。

　立入要求を拒むことのできる「正当な理由」については，立入りの客体が公開の場所である以上，そこで犯罪又は人の生命・身体・財産に対する危害が発生する可能性が全くないと言い切ることは誰にもできないから，管理者等が，そうした可能性がないことを理由に立入りの必要はない旨を主張しても，「正当な理由」には当たらない。管理者等が「正当な理由」として主張することができるのは，特定の者だけの集会であることや，営業時間を過ぎて客が出入りできないことなど，「その場所又は時間に公開性がないこと」に限られる。

> 1　警察官が，本項の立入りとして，入場料を徴収する施設へ立ち入ろうとする場合，対価を享受する目的で立ち入るものではない以上，入場料を支払う義務はなく，施設の管理者等は，警察官が入場料を支払わないことを理由に立入りを拒むことはできない（立入りを拒む「正当な理由」に当たらない）。
>
> 2　本項の立入りは，1項の立入り（即時強制）とは異なり，管理者等の承諾の下に立ち入る任意活動であるから，たとえ管理者等が「正当な理由」なく立入りを拒んだとしても，立入りに応じるよう説得を継続することができるにとどまり，強制的に立ち入ることはできない。もっとも，警察官から立入要求を受けた管理者等は，要求に応ずべき法的義務を負うのであるから，立入要求に応じない管理者等に対しては，強い態様で説得を継続することが許される。

(4) 立入り時の注意事項等

ア 関係者の正当な業務の保護（3項）

警察官は，本条の立入り（危険時の立入り，公開の場所への立入り）に際しては，みだりに関係者の正当な業務を妨害してはならない。

この規定は，警察官の立入りによって，関係者の正当な業務がある程度妨げられることを前提としつつ（それはやむを得ないこととした上で），必要な限度を超えて関係者の業務を妨げてはならない旨を念押ししたものである（比例原則の現れであるから，この規定がなくとも当然にそうしなければならない。）。

イ 理由の告知と証票の呈示（4項）

警察官は，本条の立入り（危険時の立入り，公開の場所への立入り）に際して，その場所の管理者又はこれに準ずる者から要求された場合には，その理由を告げ，かつ，身分を示す証票（警察手帳など）を呈示しなければならない。

9 警職法7条（武器の使用）

警察官は，犯人の逮捕若しくは逃走の防止，自己若しくは他人に対する防護又は公務執行に対する抵抗の抑止のため必要であると認める相当な理由のある場合においては，その事態に応じ合理的に必要と判断される限度において，武器を使用することができる。ただし，刑法第36条（正当防衛）若しくは同法第37条（緊急避難）に該当する場合又は左の各号の一に該当する場合を除いては，人に危害を与えてはならない。

一 死刑又は無期若しくは長期3年以上の懲役若しくは禁錮に当たる兇悪な罪を現に犯し，若しくは既に犯したと疑うに足りる充分な理由のある者がその者に対する警察官の職務の執行に対して抵抗し，若しくは逃亡しようとするとき又は第三者がその者を逃がそうとして警察官に抵抗するとき，これを防ぎ，又は逮捕するために他に手段がないと警察官において信ずるに足りる相当な理由のある場合。

二 逮捕状により逮捕する際又は勾引状若しくは勾留状を執行する際その本人がその者に対する警察官の職務の執行に対して抵抗し，若しくは逃

亡しようとするとき又は第三者がその者を逃がそうとして警察官に抵抗するとき，これを防ぎ，又は逮捕するために他に手段がないと警察官において信ずるに足りる相当な理由のある場合。

━━ ◆この条文をベースに学習！ ━━

警察官は，犯人の逮捕若しくは逃走の防止，自己若しくは他人に対する防護又は公務執行に対する抵抗の抑止のため必要な場合においては，武器を使用することができる。

ただし，武器を使用して人に危害を与えることが許されるのは，次のいずれかに該当する場合に限られる。

○ 刑法36条（正当防衛）に該当する場合
○ 刑法37条（緊急避難）に該当する場合
○ <u>兇悪な罪</u>を犯した者がその者に対する警察官の職務の執行に対して抵抗
　└ 死刑又は無期若しくは長期3年以上の懲役若しくは禁錮に当たる罪
　し，若しくは逃亡しようとし，又は第三者がその者を逃がそうとして警察官に抵抗する場合において，これを防ぎ，又は逮捕するために他に手段がないとき。
○ 逮捕状（勾引状，勾留状）を執行する際その本人がその者に対する警察官の職務の執行に対して抵抗し，若しくは逃亡しようとし，又は第三者がその者を逃がそうとして警察官に抵抗する場合において，これを防ぎ，又は逮捕するために他に手段がないとき。

要　件	効果（行使できる権限）
（使用要件） 　犯人の逮捕若しくは逃走の防止，自己若しくは他人に対する防護又は公務執行に対する抵抗の抑止のため必要であること	警察官は，武器を使用することができる。 ※ただし，危害許容要件を満たさない限り，人に危害を与えるような方法で使用することは許されない。 　法的性質：即時強制

(危害許容要件) 　　※使用要件に加重される要件 ①正当防衛に該当する場合 ②緊急避難に該当する場合 ③凶悪犯罪を犯した者の抵抗や逃走を防ぐため必要な場合（補充性の要件あり） ④逮捕状等を執行する際における抵抗や逃走を防ぐため必要な場合（補充性の要件あり）	警察官は，人に危害を与えるような方法で武器を使用することができる。 法的性質：即時強制

(1) はじめに

本条は，武器の使用について定めている。「武器」とは，主として人の殺傷の用に供する目的で作られ，現実に人を殺傷する能力を有するものを指す。主として，警察官が職務の遂行のため所持することが許される小型武器であり（警察法67条参照），装備品として貸与される拳銃の使用を念頭に置いた規定である。

> 1　ただし，本条の適用対象は装備品として貸与される拳銃に限られるわけではなく，例えば，正当防衛の必要が生じた場合にたまたまそこにあった他人の日本刀を手にして反撃するような場合にも，本条の規定は適用される。
>
> 2　催涙ガスは，人に対して一時的に催涙効果を及ぼし，人の行動力を短期間減退させるにとどまり，永続的に人の機能を害するものではないから，本条の「武器」には該当しない。

> **発展**　「拳銃」と「けん銃」
>
> 本書においては「拳銃」の表記を用いているが，例えば，警察官等が拳銃を適正かつ的確に使用し，及び取り扱うため必要な事項を定めることを目的として制定された国家公安委員会規則である「警察官等けん銃使用及び取扱い規範」においては，「けん銃」の表記が用いられている。
>
> どちらが正しいのかという問いに対する答えは，「かつては『けん銃』が正し

かったが，現在は『拳銃』が正しい。」である。というのも，法令や公用文においては，文化庁が定めた常用漢字表に登載された漢字のみを用いることとされているところ，かつては「拳」の字が登載されていなかったため，「けん銃」との表記が用いられていた。しかし，平成22年に常用漢字表が改正され，「拳」の字が登載されたことから，現在では「拳銃」と表記しなければならないのである。覚醒剤についても，旧常用漢字表には「醒」の字が登載されていなかったため，「覚せい剤」との表記が用いられていたが，改正により「醒」の字が登載されたことから，現在では「覚醒剤」と表記しなければならない。

なお，「警察官等けん銃使用及び取扱い規範」もそうであるが，常用漢字表が改正されたからといって，法令の題名や条文中の文言が自動的に修正されるわけではないので，注意しなければならない。「覚せい剤取締法」も「覚醒剤取締法」と表記することはできない。

(2) 武器の「使用」の意義

武器の「使用」とは，その有する殺傷機能を発揮させるため，武器をその本来の用法に従って用いることを指す。

典型的には，人に向かって拳銃を発射する，日本刀で切り付けるといったものが「使用」に該当するが，人に向けて拳銃を構える，拳銃を上空に向けて威嚇射撃する，逃走車両のタイヤを打ち抜く，狂犬を射殺するといった使い方も，拳銃の「使用」に該当する。

本条においては，武器の使用を「人に危害を与えるような方法」での使用と「人に危害を与えないような方法」での使用に分け，それぞれ異なる要件を定めている。拳銃を例に，両者の具体的内容を示すと，次のようになる。

人に危害を与えるような方法での拳銃の使用	人に向けて拳銃を発射する
人に危害を与えないような方法での拳銃の使用	・人に向けて拳銃を構える ・拳銃を上空に向けて威嚇射撃する ・逃走車両のタイヤを打ち抜く ・狂犬を射殺する ※要するに，「人に向けて拳銃を発射する」以外の使用は全てこちらに分類される。 ※単に拳銃を取り出すだけでは，使用の準備行為にとどまり，使用に当たらない。

また，それぞれの要件は次のとおりである。

人に危害を与えるような方法での拳銃の使用	使用要件＋危害許容要件
人に危害を与えないような方法での拳銃の使用	使用要件

つまり，人に危害を与えないような方法での武器の使用は，使用要件さえ満たしていれば足りるのに対し，人に危害を与えるような方法での武器の使用は，使用要件に加えて危害許容要件も満たしている場合にしか許されない。

(3) 使用要件

使用要件は，
- ・犯人の逮捕又は逃走の防止
- ・自己又は他人に対する防護
- ・公務執行に対する抵抗の抑止

のために武器を使用する必要があることである。

(4) 危害許容要件

人に危害を与えるような方法での武器の使用は，使用要件を満たし，かつ，次のいずれかに該当する場合に限り許される。
- ・正当防衛に該当する場合
- ・緊急避難に該当する場合
- ・凶悪犯罪を犯した者の抵抗や逃亡を防ぐため必要な場合
- ・逮捕状等を執行する際における抵抗や逃走を防ぐため必要な場合

これら4つの要件が，危害許容要件である。

ア 正当防衛

正当防衛とは，急迫不正の侵害に対し，自己又は他人の権利を防衛するため，やむを得ず行う反撃行為のことである（刑法36条1項）。

人に危害を与えるような武器の使用は，できる限り相手方の死という結果をもたらさないようにすべきであるが，正当防衛の場合において，真に必要なとき（やるかやられるかという極限的な場合）には，拳銃を使用して射殺することも許される。

> 　正当防衛として武器を使用することができる相手方は侵害者（急迫不正の侵害をした者）のみである。急迫不正の侵害に対し，自己又は他人の権利を防衛するため，第三者を攻撃する行為は，緊急避難としてしか許されない。
> 　正当防衛については，本来的には刑法でしっかり学ぶべき事項であるので，本書では詳しくは触れない（刑法においてしっかり学習していただきたい。）。緊急避難についても同様である。

イ　緊急避難

　緊急避難とは，自己又は他人の生命・身体・自由・財産に対する現在の危難を避けるために，やむを得ずにした行為のことである（刑法37条1項本文）。

> 　緊急避難は，条文上，これによって生じた害の程度が避けようとした害の程度を超えなかったときに限り成立するものとされ（刑法37条1項本文），しかも，「やむを得ずにした」の意義については，他に採るべき手段がなかったこと（補充性）を指すものと解されている。そのため，緊急避難が成立することは極めてまれである。

ウ　凶悪犯罪を犯した者の抵抗や逃走を防ぐため必要な場合

　具体的には，凶悪犯罪の犯人が，①その者に対する警察官の職務の執行に対して抵抗し，又は逃亡しようとするとき，②第三者がその者を逃がそうとして警察官に抵抗するときに，抵抗や逃亡を防ぎ，又は逮捕するために他に手段がない場合である。

　「凶悪犯罪」は，条文上，「死刑又は無期若しくは長期3年以上の懲役若しくは禁錮に当たる兇悪な罪」と規定されている。「兇悪な罪」とは，その性質や態様において，社会に著しい不安や恐怖を生じさせ，人の生命や身体を直接に害し，又は人の生命や身体を害するおそれがあって人を畏怖させるような方法により行われる犯罪を指す。

　「他に手段がない」とは，武器を使用しなければ，犯人や第三者の抵抗を防ぐことや犯人を逮捕することができず，結果として犯人を逃がしてしまうこと

が明白な場合であり，補充性の要件を定めたものである。

> 1 凶悪犯罪の定義中にある「死刑又は無期若しくは長期3年以上の懲役若しくは禁錮に当たる罪」は，緊急逮捕の対象犯罪と同じである（刑訴法210条1項）。なお，一般的に，「〜に当たる罪」とは，法定刑を指す表現である。
>
> 2 警察官等けん銃使用及び取扱い規範2条2項には，「兇悪な罪」に該当する罪が例示列挙されている。

エ 逮捕状等を執行する際における抵抗や逃走を防ぐため必要な場合

具体的には，逮捕状により逮捕する際又は勾引状・勾留状を執行する際，①その本人がその者に対する警察官の職務の執行に対して抵抗し，又は逃亡しようとするとき，②第三者がその者を逃がそうとして警察官に抵抗するときに，抵抗や逃亡を防ぎ，又は逮捕するために他に手段がない場合である。

ウと読み比べると，凶悪犯罪の犯人が，逮捕状等の執行を受けようとしている者に置き換わっただけで，条文の構造は同じである。**ウ**と**エ**をうまくセットにして覚えるとよい。

> **エ**の場合は，**ウ**の場合と異なり，犯罪の性質や法定刑による制限はない。

〈 権限規定まとめ 〉

条	項	呼　称	法的性質	侵害的行政活動該当性
2	1	職務質問	行政調査	×
	2	任意同行	任意活動	×
	4	被逮捕者の身体捜検	即時強制	○
3	1	精神錯乱者、泥酔者の保護	即時強制	○
		迷い子、病人、負傷者等の保護	任意活動	×
4	1	警告	行政指導	×
		「引き留め、避難させ」る措置	即時強制	○
		措置命令	下命	○
		警察官による措置	即時強制	○
5		警告	行政指導	×
		制止	即時強制	○
6	1	危険時の立ち入り	即時強制	○
	2	公開の場所への立ち入り	行政調査	×
7		人に危害を与えないような方法での武器の使用	即時強制	○
		人に危害を与えるような方法での武器の使用	即時強制	○

第4編

行政救済法

第1章　総　　論

第2章　国家賠償法

第3章　行政不服審査法

第4章　行政事件訴訟法

第1章 総　　論

　本来ならば，いかなる行政作用も，適法かつ妥当でなければならないが，現実には，法令の規定に適合しない行政作用（違法な行政作用）や，公益目的に合致せず妥当性を欠く行政作用（不当な行政作用）が行われることがある。そのため，違法・不当な行政作用により国民の権利・利益が侵害された場合に，国民の側から，金銭的救済又は違法・不当な行政作用の是正を求めることを可能にする制度が必要である。

　行政救済法とは，それらの制度を定めた法律の総称であり，具体的には，国家賠償法，行政不服審査法，行政事件訴訟法がこれに該当する。

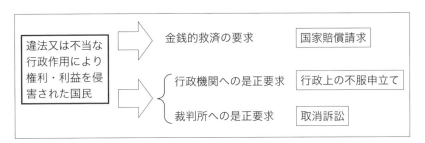

　憲法40条で保障された刑事補償請求権を具体化するための法律として，刑事補償法があり，未決の抑留・拘禁を経て刑事裁判で無罪判決を受けた者に対する補償の額や請求の手続を定めている。同法は，行政救済法としての性質を有しているが，刑事手続に関連する制度を定めた法律であるため，行政救済法として扱われない。また，少年保護手続に関して同様の事項を定めた「少年の保護事件に係る補償に関する法律」についても，同様に，行政救済法としての性質を有しているが，行政救済法として扱われない。

第2章　国家賠償法

1　国家賠償制度の意義

　憲法17条は「何人も，公務員の不法行為により，損害を受けたときは，法律の定めるところにより，国又は公共団体に，その賠償を求めることができる。」と規定して国家賠償請求権を保障しており，それを具体化するための法律として，国家賠償法が定められている。

　一般に，他人の不法行為によって権利・利益の侵害を受けた者は，民事上，それにより生じた損害について，加害者に賠償を求めることができる。例えば，歩行中に自動車にはねられ，入院した結果，休業を余儀なくされた者は，加害者である運転者に対し，治療費や休業損害等を請求することができる。国家賠償は，不法行為による権利・利益の侵害が，国又は公共団体の活動により生じた場合に，それにより生じた損害を国又は公共団体が賠償するものである。

　この点，行政の違法な活動に対する救済制度としては，違法な行政活動の取消しとそれにより生じた違法状態の解消による救済という選択肢も用意されている（行政不服審査法と行政事件訴訟法は，主として違法な行政活動の取消しを求めるための手続を定めたものである。）。しかし，この選択肢による場合，違法状態の解消という結果は得られるにしても，それにより生じた金銭的損害（精神的損害を含む）は賠償されない。そのため，違法な行政活動により損害を受けた国民の救済手段としては，金銭による賠償を求めるという選択肢が不可欠であり，それが国家賠償制度の存在理由である。

> 　国家賠償制度は，違法な行政活動により生じた損害を賠償するものであり，適法な行政活動により生じた損害の補償は，損失補償と呼ばれている。損失補償については，災害対策基本法のように，個別法により具体的な根拠が設けられている場合もあるが[61]，基本的には，「私有財産は，正当な補償の下に，これを公共のために用ひることができ

る。」と定めた憲法29条3項の解釈論による対応が行われている。ただ，現在のところ，警察活動に関し，同項の解釈論により損失補償が必要となる場面は存在しないので[62]，本書では，損失補償についての説明を行わない。

> **発 展** 　国家無答責の原則
>
> 　かつて，近代国家においては，公務員が違法な行為により国民に損害を与えても，その賠償については公務員個人が責任を負うべきであり，国家は賠償責任を負わないという「国家無答責の原則」が広く認められており，明治憲法下においても，国家の活動が権力的活動と非権力的活動に分けられ，後者については，公務員の不法行為について国の損害賠償責任が認められる一方，前者については，国の損害賠償責任が否定されていた。
> 　現行憲法においてわざわざ国家賠償請求権が保障されたのは，この「国家無答責の原則」を完全に排斥する趣旨であったと考えられる。

国家賠償法は，国家賠償責任について，次の2種類を定めている。
　〇公務員の不法行為による損害賠償責任（1条1項）
　〇公の営造物の設置・管理の瑕疵による損害賠償責任（2条1項）
実務的には，前者が重要であるから，以下，本文において前者につき説明する。

2　公務員の不法行為による損害賠償責任の成立要件

> **国家賠償法1条1項**
> 　国又は公共団体の公権力の行使に当る公務員が，その職務を行うについて，故意又は過失によって違法に他人に損害を加えたときは，国又は公共

---

61)　災害時に公安委員会が設定した緊急通行車両以外の車両の通行を禁止等する区間に放置された車両等を警察官が移動させる際，警察官は，当該措置をとるためやむを得ない限度において，当該措置に係る車両等を破損することができるが（災害対策基本法76条の3第2項後段），警察官の所属する都道府県は，当該措置により通常生ずべき損失を補償しなければならない（同法82条1項）。

62)　例えば，捜索や検証に際しての「必要な処分」として行われる鍵の破壊等の措置や，警職法6条1項の立入りに際して行われる同様の措置については，憲法29条3項の解釈論として，損失補償を要しないとされている。

団体が，これを賠償する責に任ずる。

(1) 成 立 要 件

国家賠償法1条1項の条文から，公務員の不法行為による損害賠償責任は，損害の発生の原因となった加害行為につき，次の4つの要件を全て満たす場合に成立する。

　①国又は公共団体の公権力の行使に当たる公務員の行為であること
　②加害行為が「職務を行うについて」なされたものであること
　③公務員に故意・過失があること
　④加害行為に違法性があること

> 「損害」には，精神的損害も含まれる。そのため，公務員の違法な職務執行により精神的苦痛を受けた者は，国家賠償法1条1項に基づき，精神的損害を金銭に換算した「慰謝料」を請求することができる。

> **発 展**　**因果関係**
>
> 　以上，加害行為についての要件を掲げたが，条文中の「故意又は過失によって」の「よって」という部分は，加害行為と損害の発生との間に因果関係が存在することを求めるものである。因果関係については，刑法で学習することが予定されており，刑法上の因果関係理論と民事上の因果関係理論は，基本的な枠組みは同じであると考えてよいので，本書では説明を省略する。ただ，両者の機能は異なり，例えば，「因果関係とは相当因果関係を指す」という考え方は，両者共通であるが，前者においては，生じた結果について行為者に刑事責任を負わせることが社会通念上相当か否かという帰責性の観点から相当因果関係の理論が展開されるのに対し，後者においては，生じた損害について国又は公共団体に賠償責任を負わせることが社会通念上相当か否かという帰責性の観点に加え，損害の額の算定に関しても，「加害行為と相当因果関係を有する範囲内の損害」という形で，これを限定する機能を果たしている。

公務員の不法行為による損害賠償責任は，本来ならば損害を生じさせた公務員個人が負うべき損害賠償責任を，国又は公共団体が肩代わりするものと理解

されている（代位責任説）。これは，万が一，行政活動により他人に損害を与えてしまった場合に，公務員個人が損害賠償を強いられるならば，公務員が萎縮し，円滑な行政活動を実現できなくなるため，国又は公共団体が肩代わりするという制度にしておくことで，萎縮を防ぎ，円滑な行政活動を実現する趣旨である。

その上で，公務員に故意又は重大な過失があった場合は，萎縮への懸念は不要であり，原則に戻って公務員個人に責任を帰することが妥当であるから，国又は公共団体は，当該公務員に対し，求償権（肩代わりした分を返せと請求する権利）を行使することができる（国家賠償法1条2項）。

> 公務員の不法行為による損害賠償責任の法的性質については，代位責任説（通説・判例）と自己責任説（少数説）が対立している。自己責任説は，もともと行政活動には一定の損害を生じさせる危険が内包されている以上，権力的な作用によりこの危険が発現した場合は，公務員個人の責任を肩代わりするのではなく，本来的に国や公共団体が賠償責任を負うとする考え方である。なお，代位責任説も自己責任説も，被害者が加害公務員に対して直接損害賠償を請求することはできないとの点で一致している。

(2) 条文の解釈
ア 「国又は公共団体の公権力の行使に当たる公務員」

ここにいう「公共団体」には，地方公共団体のほか，公権力の行使を委ねられた団体が含まれ，その結果，国家公務員でも地方公務員でもない者が「公務員」に該当するとされることもある[63]。しかし，皆さんは，都道府県は「公共団体」であり，都道府県警察の職員は「公務員」であることを知っておけば十分である。

地方公共団体に所属する公務員による「公権力の行使」とは，地方公共団体の事務として行われる行政活動[64]を広く指す概念である。ただし，次のいずれ

---

63) 例えば，国家賠償法1条1項との関係では，弁護士法の規定に基づき弁護士の懲戒を行う弁護士会は「公共団体」であり，弁護士会の懲戒委員会が行う弁護士の懲戒は「公権力の行使」であり，懲戒委員会の委員たる弁護士は「公務員」である。
64) 厳密にいうと，議会の活動も含まれる。国についても，行政権の行使のほか，司法権や立法権の行使も「公権力の行使」に含まれる。

かに該当するものは「公権力の行使」に含まれない。
　①純粋な私経済的作用（例えば，文房具やトイレットペーパーの購入）
　②国家賠償法2条1項による賠償責任の対象となる「公の営造物の設置・管理」

　警察活動は，①と②に該当するごく例外的なものを除き，全て「公権力の行使」に該当する。

> **発　展**　加害公務員の特定
>
> 　公務員の不法行為による損害賠償を請求しようとする者は，公務員による不法行為の存在を立証しなければならないが，例えば，警察官の街頭活動が不法行為に当たると主張する場合，請求者（裁判により損害賠償を請求する場合は原告）は，その警察官の所属や氏名を知らないことも少なくない。そのような場合，損害賠償請求は特定の都道府県に対して行うものである以上，最低限，その都道府県に所属する警察官であることは立証しなければならないが，警察官の所属や氏名を立証することまでは必須でないとされる。
>
> 　また，デモ規制に当たる警察官ともみあいになり，その場にいた複数の警察官のうちの誰かに強く押されて転倒したと主張する事案において，請求者が，強く押した警察官を特定できていない場合も，次のような考え方に基づき，国家賠償請求は妨げられない。
>
> 　「国又は公共団体の公務員による一連の職務上の行為の過程において他人に被害を生ぜしめた場合において，それが具体的にどの公務員のどのような違法行為によるものであるかを特定することができなくても，右の一連の行為のうちのいずれかに行為者の故意又は過失による違法行為があったのでなければ右の被害が生ずることはなかったであろうと認められ，かつ，それがどの行為であるにせよこれによる被害につき行為者の属する国又は公共団体が法律上賠償の責任を負うべき関係が存在するときは，国又は公共団体は，加害行為不特定の故をもつて国家賠償法又は民法上の損害賠償責任を免れることができないと解するのが相当であ」る（最判昭和57年4月1日）。

イ　「職務を行うについて」

　基本的な意味は，「職務を行う際に」であり，典型的には，法令の規定に基づき適法に職務を行っている場合がこれに当たる。

ただし，国民の救済を手厚く図る観点から，客観的に見て適法な職務執行の外形が存在する行為については，真実は，適法な職務執行ではなくても，「職務を行うについて」の要件を満たすものとされる。このように，行為の外形から職務該当性を判断する見解を，外形標準説と呼ぶ。

> 1 例えば，警察官が，非番の日に，制服を着用して，職務を装って犯罪を犯した場合は，たとえそれが個人的な利益を図る目的のための行為であったとしても，外形標準説により職務該当性が肯定され，他の要件を満たせば国家賠償責任が発生する[65]。
>
> 2 外形標準説は，公務員の非違行為につき，国又は公共団体が尻拭いすることで，国民の救済を図るものである。私人（公務員でない者）が公務員に扮して職務執行を装い，他人に損害を与えても，外形標準説は適用されず，国家賠償責任は発生しない。

ここにいう「職務」には，不作為も含まれる。そのため，裁量権がゼロ収縮している状況下における不作為は，一定の要件の下，国家賠償責任を生じさせる（→ 103 頁）。

> **発 展** **公務執行妨害罪の構成要件との類似性**
>
> 公務執行妨害罪は，公務員が職務を執行するに当たり，これに対して暴行又は脅迫を加えた場合に成立する（刑法 95 条 1 項）。同罪の構成要件のうち「職務を執行するに当たり」という部分は，基本的には「職務を行う際に」との意である点で，国家賠償法 1 条 1 項の「職務を行うについて」と共通する。
>
> しかし，公務執行妨害罪は，行政活動の円滑な遂行を保護する趣旨であるのに対し，国家賠償法 1 条 1 項は，違法な行政活動により損害を受けた国民の救済を図る趣旨であることを反映して，両者の意義には相違点もあるため，飽くまで類似するにとどまる。
>
> 双方の相違点を把握しておくことは，刑法で公務執行妨害罪を学ぶ際にも有益と思われるので，相違点を摘示しておく。

65） 最判昭和 31 年 11 月 30 日

	公務執行妨害罪の構成要件である「職務を執行するに当たり」	国家賠償法1条1項の「職務を行うについて」
法令に適合しない違法な公務は該当し得るか	該当しない。ただし、職務の適法性は行為当時を基準に客観的状況から判断する。	客観的に見て適法な職務執行の外形が存在する行為であれば該当する（外形標準説）。
職務に従事していない休憩時間中は該当し得るか	基本的には該当しない。ただし、いつでも職務に復帰できるよう待機中の状態であれば該当する。	休憩時間中であっても職務執行の外形が存在するようなことがあれば該当する（外形標準説）。
不作為は該当し得るか	現実に行われている公務が保護の対象であり、不作為の保護は観念し得ない。	該当し得る。

ウ 「故意又は過失によって」

　公務員の不法行為による損害賠償責任は、公務員に故意又は過失があったことが要件とされており、結果責任（無過失責任）を定めたものではない。

　ここにいう「故意」、「過失」の意義は、刑法理論におけるものと基本的に同じであると考えてよい。例えば、拳銃を人に向けて発射する際、ことさらに狙った場合（確定的故意）や、ことさらに狙ったわけではないが、命中する可能性を認識しつつ、命中しても構わないと考えた場合（未必的故意）は、故意があったといえる。また、人に危害を与えないような方法で発射したつもりが、過って、人に命中させてしまった場合は、過失があったといえる。

　ここで、過失の意義についてはもう少し踏み込んだ理解をしておこう。民事・刑事を問わず、過失とは、結果回避義務違反を指す。つまり、何らかの損害（法益侵害）をもたらし得る事実の発生を予見でき（予見可能性）、そうした結果の発生を容易に回避することができる場合は（結果回避可能性）、そうした結果の発生を回避するための行動を取るべき義務（結果回避義務）が生じ、この義務に違反することが過失であると捉えられている。

エ 「違法に」

　一般的には、法令に違反することを違法と呼ぶが、ここにおける「違法」は、公務員が職務上遵守すべき法規範、すなわち憲法、法律、命令等の法令や、行

政作用に関する基本的な原理原則（比例原則，平等原則など）に違反することを指す。

　行政に権限行使の裁量権が与えられている場合は，権限行使が不当と評価されることはあっても，原則として，違法となることはない。ただし，裁量権を濫用した場合や，裁量の範囲を逸脱した場合は，例外的に，権限行使が違法と評価されることもある。

　例えば，信号無視をしたためパトカーに追跡された車両が事故を起こし，第三者である通行人が負傷した場合，加害行為者である被追跡車両の運転者が被害者に対する損害賠償責任を負うのは当然として，パトカーの追跡行為が違法であるならば，都道府県も損害賠償責任（国家賠償責任）を負うこととなる。この点，違反車両の追跡は，現行犯逮捕又は交通取締りという職務遂行上の必要から行われるものであり，原則として適法なものであるが，例外的に，追跡行為が職務を遂行する上で不必要であるか，又は具体的状況において追跡の開始・継続・方法が不相当である場合は，裁量の範囲を逸脱したものとして，違法性を帯びる[66]。

> 　行政行為には公定力が働くが（→125頁），その行政行為を違法と考える者が，その行政行為により生じた損害について国家賠償を請求するに際し，その行政行為が違法であると主張することは妨げられない。

3　相互保証主義

　外国人による国家賠償請求権の行使は，「相互の保証があるとき」に限り可能とされている（国家賠償法6条）。「相互の保証があるとき」とは，その外国人の本国において，日本国民が国家賠償制度に相当する制度による救済を受けられることを意味する。

> **発　展**　**営造物責任**
> 　国家賠償法2条1項は，道路，河川その他の公の営造物の設置又は管理に瑕疵があったために他人に損害を生じたときは，国又は公共団体は賠償責任を負

---

[66]　最判昭和61年2月27日。

う旨を定めている。この責任は，営造物責任と呼ばれ，公務員の不法行為による国家賠償責任（1条1項）と異なり，設置・管理を担当する公務員の故意・過失が要件とされていない無過失責任である。

「公の営造物」とは，国又は公共団体により直接に公の目的に供されている有体物のことであり，警察関係では，信号機や道路標識等がこれに該当する。

「公の営造物」の「設置・管理の瑕疵」とは，通常有すべき安全性を欠くことを指す。例えば，信号機の灯火が街路樹に隠れて見えなかったり，信号柱や道路標識の標識柱が腐食して倒壊したりすれば，通常有すべき安全性を欠くことは明白であり，「設置・管理の瑕疵」があったと評価される。

なお，信号機の「設置・管理の瑕疵」に関しては，信号機の灯火の異常な現示が「設置・管理の瑕疵」とされた事例も存在する。具体的には，交差点に設置された信号機の灯火が，プログラムの設定ミスにより，主道路側も従道路側も黄色点滅になった結果，自動車が交差点内で衝突し，運転者が死亡した事案につき，主道路と従道路の灯火が同時に黄色点滅となるような信号機の管理は，信号機が通常有すべき安全性を欠いたものであり，本項の「瑕疵」があったとされた（千葉地判平成10年11月24日）。

〈 警察官の職務執行が国家賠償法上違法と評価された最近の主な事例 〉

裁判所名	判決年月日	違法と判断された警察官の職務執行の概要 （裁判所が認定した事実関係）
大阪地裁	H23.4.15	原告の実家の捜索に際し，同所で撮影したポラロイド写真（原告の手錠姿など）を，同所付近で紛失し，発見されるまでの間，他者の目に触れ得る状態にした。
千葉地裁	H24.10.4	検察庁への護送に際し，同時使用が禁じられている（刑事収容施設法213条2項）拘束衣と手錠を同時に使用した。
名古屋高裁	H28.5.25	被留置者を留置施設外の病院で診察させたところ，眼科医から，糖尿病の疑いがあり失明の可能性もあるので大規模病院を受診した方がよい旨を告げられたにもかかわらず，大規模病院での診察を受けさせなかった。また，移送時，拘置所の職員に上記診断結果を正確に伝えなかった（結果的に，原告は糖尿病網膜症を発症し，左眼の失明，右眼の視力減弱に至った。）。
岡山地裁	H28.9.21	自ら防犯カメラの映像を確認すれば，原告が犯人でないことを容易に認識できたにもかかわらず，店舗側関係者の説明を鵜呑みにし，真実は万引き犯人ではない原告を緊急逮捕した。

第3章　行政不服審査法

1　行政上の不服申立ての意義

　行政上の不服申立ては，行政作用に関し，行政機関に対してその是正を求める制度である。
　違法又は不当な行政作用により権利・利益を侵害された国民が，その是正を求める制度としては，
　　○行政機関に対して是正を求める制度……行政上の不服申立て
　　○裁判所に対して是正を求める制度……行政事件訴訟（取消訴訟）
があり，国民は，いずれを選択することも（両者を同時並行で行うことも）できるところ，後者と比較した場合の前者のメリットとしては，裁判によらない簡易迅速な手続により国民の救済を図ることが可能である点，適法性のみならず公益目的適合性（不当でないか否か）についても審査できる点などが挙げられる。他方，デメリットとしては，審査を行うのが行政自身であり，裁判所に比べると第三者性が低い点が挙げられる。

> 　行政事件訴訟においては，違法な処分の取消しを求めることができるにとどまり，不当な処分の取消しを求めることはできないが，行政上の不服申立てにおいては，不当な処分の取消しを求めることもできる。

　行政上の不服申立てについては，一般法である行政不服審査法のほか，個別法においてその手続が定められているものもあり，個別法がある場合はそれに基づき不服申立てを行い，個別法がない場合は行政不服審査法に基づき不服申立てを行うこととなる。なお，警察関係で，個別法に不服申立ての手続が定められているものはないので，警察関係の不服申立ては全て行政不服審査法に基づき行うこととなる。

> **発展** 平成28年の行政不服審査法全部改正について
>
> 　行政不服審査法は，平成28年に全部改正され，それにより行政上の不服申立ての制度は大きく変化した。同年以前に同法を学習したことのある方は，改めて，現在の同法を学ぶ必要がある。
> 　以下，本文とも重複するが，同改正による主な変更点を掲げておく。
> 　①不服申立ての種類の一元化
> 　　　改正前は，不服申立ての種類を，申立先が処分庁や不作為庁であるか否かによって異議申立てと審査請求に区分していたが，同改正により，審査請求に一元化された。
> 　②審理員制度の導入
> 　　　審理の公正性・透明性を高めるため，処分に関与していないなど一定の要件を満たす審理員が審理手続を行うことが，法律上明確化された。ただし，都道府県公安委員会が審査庁となる場合には適用されない。
> 　③行政不服審査会への諮問手続の導入
> 　　　審査請求に係る裁決の客観性・公正性を高めるため，審査庁が裁決をする際に行政不服審査会に諮問することを義務付け，第三者の立場から審査庁の裁決の妥当性をチェックすることとされた。ただし，都道府県公安委員会が審査庁となる場合は諮問を要しない。
> 　④審査請求期間の延長
> 　　　国民が審査請求をする機会を逸することがないよう，改正前は60日とされていた審査請求期間が3か月に延長された。
> 　⑤審理の迅速化
> 　　　審理の遅れを防ぎ，審査請求人の権利・利益の迅速な救済を図る観点から，審理期間の目安として，標準審理期間を定めるよう努めなければならないこととされた。

2　審査請求

　行政庁の処分その他公権力の行使に当たる行為について行政不服審査法に基づき不服を申し立てる手続のことを，審査請求という。

(1) 審査請求の対象

審査請求の対象である「行政庁の処分その他公権力の行使に当たる行為」（1条2項）は，「処分」と「不作為」に分けられる（2条，3条）。

① 「処　分」

基本的には，行政庁が，国民に対する優越的な地位に基づき，国民の権利義務に直接具体的な効果を及ぼす行為（つまり行政行為）を指すが，人の収容や留置のように，国民の権利義務に直接具体的な効果を及ぼす事実上の行為も含まれる。

② 「不作為」

法令に基づく申請に対して何らの処分もしないことを指す。

なお，刑事事件に関する法令に基づいて検察官，検察事務官又は司法警察職員がする処分は行政不服審査法の適用除外とされている（7条1項6号）。

> 刑事事件に関する法令に基づいて検察官，検察事務官又は司法警察職員がする処分については，裁判所に対する不服申立ての手続である準抗告を行うことができるため，行政不服審査法の適用除外とされている。もっとも，逮捕とそれに引き続く留置に対しては，準抗告をすることができないが，比較的短期間の処分であり，釈放されず勾留請求が行われた場合は勾留質問において身柄拘束継続の当否が審査されるため，被疑者は，勾留質問において，裁判官に対し，逮捕・留置に関する不服を述べることができる。

(2) 審査請求先となるべき行政庁

審査庁は，原則として次のような区分により決せられることから，審査請求は当該区分により決せられる行政庁に対して行う必要がある。ただし，個別法に特別の定めがある場合はこの限りでない。

①処分庁又は不作為庁に上級行政庁がある場合
　　当該処分庁又は不作為庁の最上級行政庁
②処分庁又は不作為庁に上級行政庁がない場合
　　当該処分庁又は不作為庁

【用語の意義】
審　査　庁　　審査請求に係る審理及び裁決を行う行政庁
処　分　庁　　審査請求の対象である処分をした行政庁
不 作 為 庁　　審査請求の対象である不作為に係る行政庁
上 級 行 政 庁　　ある行政庁に対して行政組織法上の指揮監督権を有している行政庁
最上級行政庁　　上級行政庁のうち，最上位に位置し，他の行政庁から指揮監督を受けないもの

都道府県警察関係の審査請求に係る審査庁（審査請求先）は次のようになる。
　①処分庁又は不作為庁が警察本部長，警察署長である場合は，最上級行政庁である都道府県公安委員会が審査庁となる。
　②処分庁又は不作為庁が都道府県公安委員会である場合は，上級行政庁が存在しないことから，都道府県公安委員会が審査庁となる。
　③「個別法に特別の定めがある場合」として，いずれも都道府県公安委員会の権限に属せられた事務である犯罪被害者等給付金に係る裁定（犯給法）と暴力団の指定（暴対法）に対する審査請求については，国家公安委員会が審査庁となる。また，警察本部長が行う懲戒・分限処分（→244〜245頁）に対する審査請求は，人事委員会が審査庁となる。

　　犯罪被害者等給付金に係る裁定（犯給法）についての審査請求の審査庁が国家公安委員会とされているのは，当該処分が法定受託事務だからである（第1号法定受託事務に係る審査請求については全て国の所管行政庁が審査庁となる。）。また，暴力団の指定（暴対法）についての審査請求の審査庁が国家公安委員会とされているのは，都道府県公安委員会は，国家公安委員会の確認を経た上で（いわば国家公安委員会のお墨付きを得て）指定を行うため（暴対法6条1項），指定の可否を実質的に判断した国家公安委員会が処分の当否を判断することが適切だからである。

(3)　**審査請求期間の制限**
　処分に係る審査請求は，処分があったことを知った日の翌日から起算して3か月以内にしか行うことができない。ただし，正当な理由があるときは，この限りでない（18条1項）。

1 処分があったことを知ったかどうかにかかわらず，処分があった日の翌日から起算して1年を経過したときは，審査請求をすることができなくなる。ただし，正当な理由があるときは，この限りでない（18条2項）。

2 行政不服審査法18条1項，2項に規定する審査請求期間の制限は，行政事件訴訟法14条1項，2項に規定する出訴期間の制限と並んで，行政行為の不可争力を基礎付ける実定法上の根拠となっている。

3 不作為に係る審査請求については，性質上，審査請求期間の設定になじまないことから，審査請求期間は設定されていない。

(4) 教　　示

　行政庁は，審査請求をすることができる処分を書面でする場合には，処分の相手方に対し，次の事項を書面で教示しなければならない（82条1項）。
　　○当該処分につき審査請求をすることができる旨
　　○審査請求をすべき行政庁
　　○審査請求をすることができる期間

(5) **審理員による審理**

　審査請求が行われた場合の審査庁による審理は，通常，審査庁の補助機関により行われるところ，具体的には，審理の公正性・透明性を高めるため，処分に関与していないなど一定の要件を満たす職員が審理員として審理を行うこととされている（9条）。

　もっとも，首長以外の地方公共団体の執行機関が審査庁である場合においては，本制度が適用除外とされているため（9条1項3号），都道府県公安委員会が審査庁となる場合，法的には，審理員による審理は求められない。しかし，処分に関与していない警察本部の職員が都道府県公安委員会による審理を補佐するなど，審理員の制度の趣旨を踏まえた適切な対応が求められる。

(6) 標準審理期間の設定

審査庁となるべき行政庁は、審査請求がその事務所に到達してから当該審査請求に対する裁決をするまでに通常要すべき標準的な期間（標準審理期間）を定めるよう努めるとともに、これを定めたときは、事務所における備付け等の適当な方法により公にしておかなければならない（16条）。

> 標準審理期間を定めることは努力義務とされている一方、定めた標準審理期間の公表は、努力義務ではなく義務とされている。
> 標準審理期間は、飽くまで審査請求から裁決までに要する「標準的な」期間を定めるものである。審査に時間を要する複雑な内容のものについて、審査請求から裁決までの期間が標準審査期間を大きく上回ることも、当然、あり得る。

(7) 裁決

裁決とは、審査請求に対する審査庁の応答のことであり、次の3種類がある。

ア 却下

審査請求の中身を審理しないという判断であり、そもそも審査請求が不適法な場合になされる。例えば、審査請求期間の経過後になされた審査請求につき、審査請求期間の経過後に審査請求を行う「正当な理由」がないときは、却下の裁決が行われる。

イ 棄却

審査請求の対象となった元々の処分（以下「原処分」という。）や不作為を是認する判断であり、審査請求に理由がない場合、つまり原処分や不作為が違法でも不当でもないと審査庁が認める場合になされる。

棄却裁決は、処分の取消しなどの審査請求者が求めた内容が実現しないという点では却下裁決と共通するが、却下裁決と異なり、審査請求の内容につき審理を行った上で、原処分や不作為を是認するものである。

ウ 認容

審査請求を認める判断であり、審査請求に理由があると認める場合、つまり原処分や不作為が違法又は不当であると審査庁が認める場合になされる。審査

請求の対象ごとの認容裁決の内容は次のとおりである。

① 処分（行政行為）に係る審査請求を認容する場合

審査庁は，原処分の全部又は一部を取り消すか，又は原処分を変更する。ただし，審査請求人の不利益に変更することはできない。

② 処分（人の収容や留置のような事実上の行為）に係る審査請求を認容する場合

審査庁は，その行為が違法又は不当である旨を裁決で宣言するとともに，処分庁にその行為の撤廃・変更を命じる（処分庁が審査庁であるときは，その行為を撤廃・変更する）。ただし，審査請求人の不利益に変更することはできない。

③ 不作為に係る審査請求を認容する場合

審査庁は，不作為が違法又は不当である旨を裁決で宣言する。この場合，処分庁は，裁決の趣旨を踏まえて何らかの作為に出なければならない。

> 申請に対する処分に係る審査請求につき，審査庁がこれを認容し，原処分の瑕疵を理由に取り消した場合，その効果は原処分の成立時点まで遡及し，いまだ申請に対する応答がなされていない状態に逆戻りする。処分庁は，審査庁が審査請求に理由があると認めたことを踏まえ，処分をやり直さなければならない。

第4章　行政事件訴訟法

1　行政事件訴訟（抗告訴訟）の意義

　行政事件訴訟法は，行政事件訴訟につき4つの類型[67]を定めているが，行政作用に関し，その相手方が裁判所に対してその是正を求める類型は，抗告訴訟と呼ばれる。

　抗告訴訟は，行政上の不服申立てに対応する行政事件訴訟の類型であり，行政救済法を学ぶ上では，4つの類型の中で最も重要である。

　行政上の不服申立てと比較した場合の抗告訴訟のメリットとしては，行政から独立した司法権の行使として審査が行われるため，客観的で公正な審査が期待できる点が挙げられる。

　他方，デメリットとしては，裁判である以上，審査請求のような簡易迅速な手続とはならない点や，公益目的適合性（不当でないか否か）については審査の対象とならない[68]点など[69]が挙げられる。

　なお，行政事件訴訟は民事訴訟の一類型であるため，行政事件訴訟法に定めのない事項は民事訴訟の例によることとされており，民事訴訟法を理解していないと行政事件訴訟法を十分理解することもできないという関係にあるが，警察官が行政事件訴訟（抗告訴訟）を取り扱うのは，警察本部の訟務担当部署（訟務課，監察課，監察官室など）に配属された場合に限られるから，それらの部署に配属された時点で，行政事件訴訟法と民事訴訟法をしっかり学べばよい。初学者としては，制度を概観しておけば十分であろう。

---

[67]　抗告訴訟以外の3つの類型は，当事者訴訟，民衆訴訟，客観訴訟である。なお，初学者がこれらを覚える必要は全くない。
[68]　ただし，裁量行為につき裁量権の逸脱又は濫用があった場合は，もはや当不当の問題ではなく，違法性を帯びるから，裁判所はそれを取り消すことができる（行政事件訴訟法30条）。
[69]　抗告訴訟をする場合は，手数料（13,000円）等の費用を裁判所に納付しなければならない（審査請求は無料）。このことも，国民の側からすればデメリットである。

2　抗告訴訟の種類

　行政事件訴訟法上，抗告訴訟は「行政庁の公権力の行使に関する不服の訴訟」と定義され（3条1項），次の6種類が定められている。

　なお，処分の取消しの訴えと裁決の取消しの訴えを合わせて取消訴訟と呼ぶ（9条1項）。

処分の取消しの訴え （3条2項）	行政庁の処分その他公権力の行使に当たる行為（審査請求に対する裁決を除く。）の取消しを求める訴訟
裁決の取消しの訴え （3条3項）	審査請求に対する裁決の取消しを求める訴訟 ※原告は，この訴訟において原処分の違法を主張することができず，裁決に固有の瑕疵のみを主張することができる。そのため，審査請求を経た後に抗告訴訟で原処分の違法を主張する場合は，処分の取消しの訴えによらなければならない。
無効等確認の訴え （3条4項）	処分・裁決の存否又はその効力の有無の確認を求める訴訟 ※例えば，出訴期間の経過により処分・裁決の取消しの訴えを提起することはできなくなったが，処分・裁決の瑕疵が重大かつ明白であるとしてその無効の宣言を求める場合に用いられるもの。
不作為の違法確認の訴え （3条5項）	行政庁が法令に基づく申請に対し，何らの処分も行わないことについての違法の確認を求める訴訟 ※不作為の違法性を主張する場合の訴訟類型。
義務付けの訴え （3条6項） ※義務付けの訴えには「申請型」と「非申請型」があるが，警察関係で「非申請型」の義務付けの訴えが提起されることはあまり想定できないことから，右では「申請型」のみを掲げる。	行政庁に対し一定の処分を求める旨の法令に基づく申請がされた場合において，当該行政庁がその処分をすべきであるにかかわらずこれがされないときに，行政庁がその処分をすべき旨を命ずることを求める訴訟 ※「申請型」の義務付けの訴えは，さらに，行政庁が申請に対する応答そのものを行わない場合（不作為型）と，行政庁が申請を拒否する旨の応答をした場合（拒否処分型）に分けられる。
差止めの訴え （3条7項）	行政庁が一定の処分をすべきでないにもかかわらずこれがされようとしている場合において，行政庁がその処分をしてはならない旨を命ずることを求める訴訟

3 処分の取消しの訴え

(1) 意　義

　処分の取消しの訴えは，行政庁の処分により権利・利益を侵害された国民が，その処分の法的効力を遡及的に消滅させることにより救済を得る目的で，その全部又は一部の取消しを求める訴えである。

　「処分」には，行政行為のほか，人の収容又は留置のような，継続的性質を有する事実行為も含まれる。

(2) 審査請求との関係

　処分の取消しの訴えは，当該処分につき審査請求をすることができる場合においても，直ちに提起することを妨げない（8条1項本文）。国民は，処分の違法性を主張してその是正を求める場合，処分の取消しの訴えと審査請求のいずれを選択してもよい。また，両者を同時並行的に行ってもよい。このことを，自由選択主義という。

　ただし，法律上，審査請求に対する裁決を経た後でなければ処分の取消しの訴えを提起することができない旨が定められている場合は，この限りでない（同項ただし書）。このような例外的な取扱いを，審査請求前置主義という。

> 　警察関係では，犯罪被害者等給付金に係る裁定（犯給法）と暴力団の指定（暴対法）について，審査請求前置主義が採られている。その理由としては，都道府県公安委員会による処分につき，国の行政庁である国家公安委員会が審査請求を担当するので（→214頁），審査請求において公正な判断が期待できることや，適法性判断に専門的な知識を要するため，まずは審査請求をさせた方がよいとの判断が働いたものと考えられる。

(3) 出訴期間の制限

　処分の取消しの訴えは，処分があったことを知った日の翌日から起算して6か月以内にしか提起することができない。ただし，正当な理由があるときは，

この限りでない（14条1項）。

> 1　処分があったことを知ったかどうかにかかわらず，処分があった日の翌日から起算して1年を経過したときは，取消訴訟を提起することができなくなる。ただし，正当な理由があるときは，この限りでない（14条2項）。
>
> 2　行政事件訴訟法14条1項，2項に規定する出訴期間の制限は，行政不服審査法18条1項，2項に規定する審査請求期間の制限と並んで，行政行為の不可争力を基礎付ける実定法上の根拠となっている。

> **発　展**　出訴期間の起算日
>
> 　審査請求に係る審査請求期間については，条文上，処分を知った日の翌日が起算日であることが明示されているのに対し（行政不服審査法18条1項），処分の取消しの訴えに係る出訴期間は，条文上，「処分があったことを知った日から6か月」と規定されている（14条1項）。この規定ぶりからすれば，6か月という出訴期間の起算日は，処分を知った当日なのではないかとの疑問を抱かれるかもしれない。
>
> 　この点，行政事件訴訟に関し，行政事件訴訟法に定めがない事項については，民事訴訟の例によることとされており（行政事件訴訟法7条），民事訴訟法95条1項においては，期間の計算については民法の期間に関する規定に従う旨が定められ，民法140条においては，日，週，月又は年により定められる期間に初日は算入しない旨が定められているので，結局，処分があったことを知った当日は6か月という期間に含まれない。そのため，処分を知った日の翌日が起算日となる。

(4) 教　示

行政庁は，処分の取消しの訴えを提起することができる処分を書面でする場合には，当該処分の相手方に対し，次に掲げる事項を書面で教示しなければならない（46条1項）。

○当該処分に係る取消訴訟の被告とすべき者[70]
○当該処分に係る取消訴訟の出訴期間
○審査請求前置主義が採られている場合は，その旨

> 処分の取消しの訴えを提起することができる処分は，審査請求をすることができる処分でもあるから，当該処分をする書面には，審査請求に係る教示と処分の取消しの訴えに係る教示が併記される。

発展　訴えの利益

　行政事件訴訟法9条は，処分の取消しの訴えは，当該処分の取消しを求めるにつき法律上の利益を有する者に限り提起することができる旨を定め，行政事件訴訟の原告となることができる者を限定している。この規定は，原告適格（行政事件訴訟の原告となることのできる資格）を制限すると同時に，「訴えの利益」，つまり勝訴判決を得ることにより救済される法的利益を有する者しか処分の取消しの訴えを提起することができない旨を定めたものである。

　警察関係では，これまで，運転免許関係の処分に係る処分の取消しの訴えにおいて，「訴えの利益」の存否が問題とされてきた。例えば，運転免許の更新の際，優良運転者である旨の記載のない運転免許証を交付したことが争われた事例において，道交法上，更新時に優良運転者である旨の記載のある運転免許証を交付するか否かは公安委員会が決することとされ，更新申請の内容にその旨は含まれていないが，優良運転者の要件を満たす者に対してはその旨の記載のある運転免許証を交付することとされている以上，優良運転者の要件を満たす者は，その旨の記載のある運転免許証の交付を受ける法律上の地位を有するとして，処分の取消しの訴えに係る「訴えの利益」があると認められた（最判平成21年2月27日）。

　「訴えの利益」は，時間の経過による事情の変化を原因として消滅することもある。例えば，運転免許の効力停止処分について，処分期間の経過後，無違反・無処分で1年を経過した場合は，道交法上，原処分を理由に原告が不利益に扱われることはなくなるから，「訴えの利益」が失われるとされた（最判昭和55年11月25日）。

---

[70]　都道府県公安委員会や警察本部長，警察署長など，都道府県に所属する行政庁がした処分に係る処分の取消しの訴えの被告となるべき者は，都道府県である（行政事件訴訟法11条1項1号）。

(5) 判　　決

処分の取消しの訴えに対する判決には，次の3種類がある。

① 却　　下

訴えの中身を審理しないという判断であり，そもそも訴えが不適法な場合になされる。例えば，出訴期間の経過後に提起された訴えにつき，出訴期間の経過後に訴えを提起する「正当な理由」がない場合や，原告適格や「訴えの利益」を欠く場合に，却下の判決がなされる。

② 棄　　却

取消しを求めた原処分を是認する判断であり，訴えに理由がない場合，つまり原処分が違法でないと裁判所が認める場合になされる。

棄却判決は，原告が求めた「処分の取消し」が実現しないという点では却下判決と共通するが，却下判決と異なり，訴えの内容につき審理を行った上で，原処分を是認するものである。

③ 認　　容

訴えを認める判断であり，訴えに理由があると認める場合，つまり原処分が違法であると裁判所が認める場合になされる。

処分の取消しの訴えに係る認容判決が確定すると，処分庁が何もしなくても，原処分の効力が，処分の時点までさかのぼって消滅し，原処分が初めからなかったのと同じ状態に戻る。そのため申請に対する処分が取り消された場合は，処分庁が申請に対して何らの応答もしていない状態に戻るので，処分庁は，申請に対する処分をやり直す必要が生じるが，処分庁が原処分と同じ処分を繰り返すことが許されるならば，裁判の実効性が損なわれることから，処分庁は，申請に対する処分をやり直す場合，原処分を違法と判断して取り消した判決の趣旨に従って行動する義務を負う（行政事件訴訟法33条）。

4　義務付けの訴え

(1) 意　　義

義務付けの訴えは，裁判所から行政庁に対し，原告の希望する特定の処分を行うよう命じることを求める訴訟である。

> 義務付けの訴えには「申請型」（行政庁に申請をした事項に関連する訴え）と「非申請型」（行政庁に対する申請を前提としない訴え）があるが，警察関係で「非申請型」の義務付けの訴えが提起されることはあまり想定されないことから[71]，以下，「申請型」についてのみ説明する。

　義務付けの訴え（申請型）は，さらに，行政庁が申請に対する処分をしない場合（不作為型）と，行政庁が申請を拒否する旨の処分をした場合（拒否処分型）に分けられる。いずれも，法令に基づく申請を行った者のみ原告となることができる。

(2) 他の抗告訴訟との併合提起

　義務付けの訴え（申請型）は，他の類型の抗告訴訟の実効性を確保するための抗告訴訟である。例えば，処分の取消しの訴えを提起し，認容判決（原告勝訴判決）が確定した場合，処分庁は申請に対する処分をやり直す義務が生じるが，今度は処分庁が不作為の状態に陥る可能性もあり，認容判決の確定により原告の希望する結果が速やかにもたらされるとは限らない。これに対し，処分の取消しの訴えと義務付けの訴えを併合提起した場合における認容判決の主文は例えば次のようになり，処分庁による特定の処分が義務付けられる結果，認容判決の確定により原告の希望する結果が速やかにもたらされることが期待される。

処分の取消しの訴えに対する判決主文

「（原告が取消しを求めた特定の処分）を取り消す。」

義務付けの訴えに対する判決主文

「処分庁は，原告に対し，（原告が求める特定の処分）をせよ。」

※抗告訴訟の被告は，処分庁の所属する国又は地方公共団体であるから，義務付けの訴えに対する判決主文では，被告ではなく処分庁に対する義務付けがなされる。

---

71) あるとすれば，自宅前の道路上に違法工作物があり，その倒壊により巻き添えとなる危険がある場合に，所轄警察署長の所属する都道府県を被告として，違法工作物の除去等の措置命令（道交法81条1項）をするよう義務付けの訴えを提起するといったパターンであろうか。

義務付けの訴え（申請型）は，他の類型の抗告訴訟の実効性を確保するための抗告訴訟であるから，義務付けの訴え（申請型）を単体で提起することはできず，他の類型の抗告訴訟と併合して提起しなければならない。

　具体的には，「不作為型」については不作為の違法確認の訴えと併合して提起しなければならず，また，「拒否処分型」については，処分の取消しの訴え又は無効等確認の訴えと併合して提起しなければならない。

第5編

その他

第1章 情報公開・個人情報保護制度

第2章 地方公務員法

第1章　情報公開・個人情報保護制度

　情報公開・個人情報保護制度は，国にも地方公共団体にも存在するが，本章において説明する都道府県における同制度は，都道府県の条例が根拠となる。本章では，両制度の中心を成す開示請求の制度について，各都道府県の条例に共通している基本的な部分を提示する。なお，各都道府県の条例における用語やその定義には若干の差異が存在するが，本章では，多くの都道府県の条例で用いられている用語やその定義を用いている。

1　制度の趣旨

(1) 情報公開制度

　情報公開制度は，住民自治の観点から，住民に対して行政の諸活動を説明する責任を全うするためのものであり，地方公共団体が保有する公文書の開示請求権を住民に与える仕組みがその中心となっている。住民の側から見た場合，知る権利の受益権的側面を具体化するための制度でもある[72]。

　各都道府県においては，情報公開制度を実施するための条例（情報公開条例）が定められ，公安委員会や警察本部長は同制度を実施する行政機関（実施機関）とされている。

(2) 個人情報保護制度

　個人情報保護制度は，プライバシー権の受益権的側面を具体化するための制度であり，住民が行政の保有する自己情報にアクセスする権利を認め，自己情報に関する開示や訂正等を求める手続がその中心となっている。

　各都道府県においては，個人情報保護制度を実施するための条例（個人情

---

72) この点に関する詳細は，拙著「警察官のためのわかりやすい憲法」82頁を参照していただきたい。

保護条例）が定められ，公安委員会や警察本部長は同制度を実施する行政機関（実施機関）とされている。

(3) 両制度の共通点

両制度は，制度趣旨を異にするものの，開示請求が中心的な制度となっている点や，開示請求に対する処分に係る審査請求については，情報公開・個人情報保護審査会に諮問し，その答申を受けた後にしか裁決を行えない点で共通する。

2 情報公開制度における開示請求

(1) 対象

開示請求の対象は公文書である。公文書とは，行政組織の職員が職務上作成し，又は取得した文書，図画，電子的記録で，組織的に用いるものとして当該行政組織が保有しているものをいう。

> 個人的に作成した備忘録の類は，「組織的に用いるもの」ではないから公文書に該当しないが，例えば，前任者が作成した備忘録を，引継ぎの際に後任者が受け取り，保有している場合は，「組織的に用いるもの」と評価され得る。

ただし，捜査書類（事件の送致（付）時又はその後に検察庁へ移送することが予定されているものの原本と写し）は，情報公開制度の対象外とされている。

(2) 請求権者・請求の方法

誰でも請求することができる。住民自治の観点からは，住民にのみ請求権を付与すれば足りるところ，住民でなくとも請求できるようになっている。

開示請求は，文書を特定した上で，開示請求書を実施機関に提出して行うものとされている。

(3) 請求を受けた実施機関の対応

公文書の開示請求を受けた実施機関は、開示請求に対する決定を行わなければならない。

> 開示請求は、行政手続条例における「申請」に該当し、開示請求に対する決定は、同条例における「申請に対する処分」に該当する。開示請求に対する決定は、行政不服審査法に基づく審査請求や、行政事件訴訟法に基づく取消訴訟の対象となる。

適法な開示請求に対する決定の種別には、開示決定（開示請求に係る公文書の全部を開示する旨の決定）のほか、不開示決定と部分開示決定（一部不開示決定）があるが、開示決定をすることが基本である。なぜなら、情報公開の手段として開示請求権が定められている以上、開示請求がなされた公文書については開示することが、制度の趣旨に沿うからである。そのため、開示請求を受けた実施機関は、請求に係る公文書を保有している場合は、その文書に不開示情報が含まれていない限り、当該文書の全部を開示する旨の決定をしなければならない。

不開示決定は、開示請求に係る公文書を開示しない旨の決定であり、請求に係る文書に不開示情報しか含まれていない場合や、不開示情報を取り除くと有意な情報が残らない場合、そもそも請求に係る文書を保有していない場合などに行われる。申請に対する拒否処分としての性格を有する。

部分開示決定（一部不開示決定）は、開示請求に係る公文書から、不開示情報を除き、残りの部分を開示する旨の決定であり、請求に係る公文書に不開示情報が部分的に含まれている場合に行われる。申請に対する一部拒否処分としての性格を有する。

行政手続条例においては、行政庁が、申請に対して拒否処分をする場合は、申請者に対し、同時に、当該処分の理由を示さなければならないこととされているので、不開示決定や部分開示決定（一部不開示決定）をする場合は、不開示の理由を付記しなければならない。

> 1　開示請求に係る公文書に不開示情報が含まれている場合，不開示情報の部分を容易に区分して除くことができるならば，不開示情報の部分を除いた上で，部分開示しなければならない。もっとも，不開示情報を除いてしまうと有意な情報が残らなくなる（単なる文字の羅列等になる）場合は，全部不開示とすることができる。
>
> 2　開示決定は，開示する旨の意思表示を請求者に示達するものにすぎず，実際の開示は，開示決定後に請求者が開示の実施を申し出てきた時点で行う。典型的な開示の実施方法は，文書・図画の場合は閲覧や写しの交付であり，電磁的記録の場合は複写した記録媒体（CD-R など）の交付である。

(4) 不開示情報

　条例に列挙された不開示情報は，公にすることによる支障が大きい情報が類型化されたものである。誤って不開示情報を開示してしまうと，公にすることの支障が表面化し，関係者や社会全体の利益が損なわれる。開示が原則であるといえども，不開示とすべき情報は確実に不開示とすることが求められる。
　不開示情報であるか否かは，請求者が誰であるかとは無関係に定まるものであるから，請求者によって不開示情報の範囲が変わることはない。実施機関は，請求者が誰であるかにかかわらず，同一の基準で開示・不開示の判断を行わなければならない。

> 　公文書の開示は，請求者に対して行うものであるが，開示を受けた者が開示を受けた公文書をインターネット上で公開するなどにより，当該公文書が何人の目にも容易に触れ得る状態に置かれる可能性があることに留意しなければならない。

　警察関係では，主として次の3つの情報が不開示情報とされる。

ア　個人情報

　個人情報（特定の個人を識別することができる情報）は，原則として不開示

情報である。これは，情報公開制度の下でも個人の正当な権利・利益は保護される必要があるとの考えによる。開示請求をした者の個人情報も，不開示情報である。

なお，公務員の職務遂行に関する情報に含まれる公務員の職名や氏名については，例外的に，開示情報とされている。

ただし，警部補及びこれに相当する職以下の職にある警察職員の氏名（印影を含む）については，公にすることによりその権利・利益を不当に侵害するおそれがあるため（さらに，イに掲げる情報にも重ねて該当するため），上記例外の例外として（つまり原則に戻り）不開示情報とされている。

イ　公共の安全と秩序の維持に関する情報

犯罪捜査や警備情報活動に関する情報は，不開示情報である。例えば，内偵捜査や警備情報活動のノウハウが詰まった「虎の巻」のような公文書があるとする。そこに記されたノウハウは，いわば警察の「手の内」であり，それが公になってしまうと，悪意のある者らにより対抗措置がとられ，以後の活動に重大な支障を及ぼしかねない。

なお，条文上は「公にすることにより，犯罪の予防，鎮圧又は捜査……その他の公共の安全と秩序の維持に支障を及ぼすおそれがある<u>と実施機関が認めることにつき相当の理由がある情報</u>」といった形で規定されており，この「おそれ」の有無の判断は実施機関の裁量に属する事項とされている。そのため，行政事件訴訟となった場合，裁判所は，情報そのものが不開示情報に該当するか否かを審査するのではなく，実施機関による「おそれ」ありとの判断につき「相当の理由」があるか否か（つまり当該判断が合理的であるか否か）のみを審査する。

ウ　地方公共団体が行う事務・事業に関する情報

地方公共団体が行う事務・事業に関する情報であって，公にすることにより，その適正な遂行に支障を及ぼすおそれがあるものは，不開示情報である。

警察関係では，例えば，留置管理業務に関する情報がこれに該当する。公になると，被留置者の収容実態や管理状況等が明らかとなり，ひいては留置施設の適正な管理運営を行えなくなるなど，業務の適正な遂行に支障を及ぼすおそれがあるからである。

また，警察本部や警察署の警察電話の内線番号もこれに該当する。特定の部

署や職員の内線番号が公になると，悪意ある者によるいたずら電話が繰り返されるなどして回線がふさがり，その内線番号を用いる職員が突発事案に対応できなくなるおそれがあるからである。

> **発　展**　**存否応答拒否**
>
> 　開示請求に対して不開示決定をすることにより，開示請求の目的が達成されてしまう場合がある。
> 　例えば，何者かが情報公開制度を利用して著者の逮捕歴の有無を知ろうとする場合，捜査書類は制度の対象外であるため，逮捕の事実が分かる被留置者名簿に狙いを定め，「平居秀一氏について作成された被留置者名簿」といったように文書を特定して，開示請求を行うことが考えられる。
> 　警察本部長が，この開示請求に対して真正面から応じなければならないとすれば，そのような被留置者名簿が存在しないのであれば文書不存在を理由とする不開示決定を，そのような被留置者名簿が存在するのであれば個人情報，事務・事業に関する情報に該当することを理由とする不開示決定を行うこととなる。しかし，この場合における開示請求の真の目的は「平居秀一氏の逮捕歴の有無を知ること」である。不開示決定には必ず理由が付記されるので，同じ不開示決定でも，理由を読めば，著者の逮捕歴の有無が分かってしまう。警察本部長の側からすれば，不開示決定をしたはずなのに，請求者に対して不開示情報を開示してしまったに等しい結果である。
> 　このような不都合が生じるのを回避するため，開示請求に対し，存否応答拒否をすることが認められている。存否応答拒否とは，開示請求に係る公文書が存在しているか否かを答えるだけで，不開示情報を開示するのと同じ結果になる場合に，当該公文書の存否を明らかにしないで，当該開示請求を拒否する決定のことである。
> 　存否応答拒否は，開示請求に係る公文書を開示しない決定であるから，不開示決定の一態様であるが，文書の存否を明らかにしないで行う点で，文書の存否を明らかにした上で行う通常の不開示決定と異なる。
> 　なお，存否応答拒否を有効ならしめるためには，存否応答拒否をすべき開示請求に対しては，文書が存在しなくても存否応答拒否をするという運用を貫くことが重要である。なぜなら，仮に，本来ならば存否応答拒否をすべき特定の類型の開示請求について，文書が存在しないときはそれを理由とする不開示決定を行い，文書が存在するときは存否応答拒否をするという運用を定着させて

しまうと，存否応答拒否をすることが文書の存在を推測させる結果を招いてしまいかねないからである。

(5) 不開示決定・部分開示決定（一部不開示決定）に対する救済

開示請求に対する決定（原処分）について不服を有する請求者は，行政不服審査法に基づく審査請求や，行政事件訴訟法に基づく取消訴訟（義務付けの訴えを併合提起可）により，原処分の取消しを求めることができる。請求者は，いずれか一方を選択することも（審査請求前置主義は採られていないので，先後を問わない。），両方の手続を同時に進めることもできる。

情報公開請求に係る審査請求や取消訴訟の手続には，若干の特徴点がある。
まず，審査庁が審査請求に係る裁決を行う際は，事前に，第三者機関である情報公開・個人情報保護審査会に対して諮問を行い，その答申を受けなければならない[73]。なお，審査庁は，審査会の答申を尊重しなければならないが，これに拘束されるものではなく，最終的には自らの判断で裁決を行う。
審査会には，非公開の場で，不開示情報が含まれた公文書の提示を受け，その実物を直接見分した上で，不開示情報の該当性を審理する権限が与えられている。

> このように，非公開の場で，特定の者にのみ提示された物件を見分し，審理を行うことを，インカメラ審理という。「イン・カメラ（in camera）」とは，「裁判官室において」という意味の英語である。

取消訴訟の手続は，情報公開請求に係るもの以外のものと何ら変わらないが，被告（都道府県）による不開示情報の該当性に係る立証の方法に特色がある。すなわち，不開示決定をした公文書に不開示情報が含まれていることを立証するための最も簡単な方法は，当該公文書を裁判所に証拠として提出することであるが，行政事件訴訟の手続上，被告が裁判所に証拠として提出したものは，原告も見ることができるというルールになっているため，証拠として提出

---

[73] ただし，審査請求が不適法であるため却下の裁決をする場合や，審査請求に対して認容（全部開示）の裁決をする場合には，諮問を要しない。

してしまうと，原告に当該公文書を開示するのと等しくなってしまう。そのため，被告の主張において，当該公文書に記録された情報の内容を裁判所に対して抽象的に説明し，その不開示情報該当性を立証するといったことが行われている。

> **発 展** 幻に終わったインカメラ審理の導入
>
> 　従来から，「被告の主張において，当該公文書に記録された情報の内容を裁判所に対して抽象的に説明し，その不開示情報該当性を立証するといったこと」によっては，裁判所が不開示情報該当性を適確に判断することは困難であるという見解が存在する。また，行政側にも，不開示情報該当性については挙証責任（立証に失敗した場合は該当性なしと判断されるリスク）を負うことから，よりきちんとした方法で立証したいという要望が存在する。そのため，立法論として，裁判所が，原告も被告もいない非公開の場で公文書を直接見分する制度であるインカメラ審理の導入が提唱されている。
> 　実際，民主党政権下において，インカメラ審理の導入等を内容とする情報公開法の改正法案が取りまとめられたことがあった。同法は，国の情報公開について定めたものであるが，同改正法案は，地方公共団体に対する情報公開請求に係る行政事件訴訟にもインカメラ審理を導入するという内容であり，仮に成立していれば，都道府県の情報公開実務にも影響を及ぼすものであった。
> 　同改正法案は，平成23年3月に政府部内での調整を終え，内閣として国会に提出すべく，閣議決定の準備が進められていたが，同月11日に東日本大震災が起き，その混乱の中で閣議決定が先延ばしになり，同年4月22日にようやく閣議決定がなされ，同日，同法案は第177回国会（常会）に提出された。
> 　しかし，平成24年11月16日に衆議院が解散されたため第181回国会（臨時会）が閉会となった際，審議未了で廃案となり，インカメラ審理の導入は幻に終わった。

3　個人情報保護制度における開示請求

　個人情報保護制度における開示請求は，情報公開請求と制度趣旨を異にするものの，手続や不開示情報の要件は，情報公開請求とほぼ同じである。
　ただし，不開示情報のうち個人情報の意義については，大きな違いがある。

情報公開制度における開示請求は，誰でも行うことができ，誰からの開示請求であっても不開示情報の範囲は変わらないことになっているため，不開示情報のうち個人情報には，請求者本人の情報も含まれる。
　よって，請求者本人の個人情報は，開示されない。
　これに対し，個人情報保護制度における開示請求は，請求者が行政の保有する自己情報の開示を求めるものであるから，自己の個人情報が不開示情報に該当して開示されないというのは背理である。そのため，個人情報保護制度における開示請求では，不開示情報のうち個人情報は，請求者本人以外の者の情報を指すものとされている。
　もっとも，請求者本人の個人情報であっても，他の不開示情報に該当するときは，不開示決定がなされることになる。例えば，著者が「私に対する収賄容疑での内偵捜査状況が記載された文書」について警視総監に個人情報開示請求をしたとする。著者に対する収賄容疑での内偵捜査が実際に行われているならば，捜査指揮簿が作成されているはずであるが，捜査指揮簿の記載内容は，捜査の進捗状況が分かる記載など，大部分が「公共の安全と秩序の維持に関する情報」であり，著者の個人情報も「公共の安全と秩序の維持に関する情報」に該当するから，著者の個人情報が含まれた当該捜査指揮簿については，不開示決定（存否応答拒否）が行われることになる。

〈　開示請求者の個人情報の取扱い　〉

情報公開請求	個人情報開示請求
個人情報は，開示請求者本人のものも含め，一律に不開示	開示請求者の個人情報が他の不開示事由に該当しない場合　→　開示
	開示請求者の個人情報が他の不開示事由に該当する場合　→　不開示

第2章　地方公務員法

1　地方公務員法の意義と適用範囲

　地方公務員法は，人事委員会の設置や地方公務員の勤務条件，懲戒及び分限，服務等について定めた法律である。

　地方公務員法は，地方公務員を一般職と特別職に分け，一般職に属する全ての地方公務員を同法の適用対象としているところ，地方警察職員は一般職の地方公務員であるから同法が適用される。

> 地方警務官は，都道府県の職員であるが，国家公務員（一般職）であることから，国家公務員法が適用され，地方公務員法は適用されない。

	一般職	特別職
地方公務員	地方警察職員 ・警視以下の階級にある警察官 ・一般職員	公安委員
国家公務員	地方警務官	

　地方公務員法に定められた事項は多岐にわたるが，本書では，服務上の義務と懲戒・分限処分について説明する。

2　地方公務員の服務上の義務

(1)　「服務」の意義と服務の根本基準

　「服務」とは，職員が守らなければならない義務や規律のことである。地方公務員法は，服務の根本基準として，全て職員は，全体の奉仕者として公共の利益のために勤務し，かつ，職務の遂行に当たっては，全力を挙げて職務に専念しなければならない旨を定めるとともに（30条），具体的な服務上の義務を

規定している（31条から38条まで）。

　服務の根本基準は，第一に，全体の奉仕者として公共の利益のために勤務すべき旨を定めている。これは，公務員が全体の奉仕者である旨を定めた憲法15条2項に由来し，公務員の基本的性格を示すものである。

　服務の根本基準は，第二に，職務専念義務を定めている。職務専念義務については，具体的な服務上の義務としても定められているところ（35条），職務に専念すべきことは民間企業でも同様であるが，公務員は全体の奉仕者として職務に専念すべきことが強く求められることから，服務の根本基準においても重ねて示されたものである。

　なお，地方公務員法は，その適用対象となる一般職の地方公務員を「職員」と定義しているので（4条1項），本書においても，同法の定義をそのまま用い，一般職の地方公務員を単に「職員」と表記する。

(2) 服務上の義務

　職員の服務上の義務は，身分上の義務と職務上の義務に分けられる。服務上の義務違反は，懲戒処分の対象となる。

	意　義	具　体　例
身分上の義務	職員の身分を有すること自体により生じる義務 ※換言すれば，職員が，職員の身分を有する限り，職務の遂行と無関係に，勤務時間外，休暇中，停職中等であっても当然に守るべき義務	信用失墜行為の禁止 守秘義務 政治的行為の制限 争議行為等の禁止 営利企業等の従事制限
職務上の義務	職員が職務を遂行するに当たって守るべき義務	法令及び上司の職務上の命令に従う義務 職務専念義務

ア　服務の宣誓（31条）

　職員は，条例の定めるところにより，服務の宣誓をしなければならない。服務の宣誓は，職員の倫理的自覚を促すことを目的として義務付けられたものである。

　服務の宣誓に関する条例では，通常，服務の宣誓をする時期（新たに任用された時点）や，任命権者の定める上級の職員の面前で宣誓書に署名するといっ

た宣誓の方式が定められている。

警察職員は，国家公務員・地方公務員を問わず，憲法及び法律を擁護し，不偏不党かつ公平中正にその職務を遂行する旨の服務の宣誓を行うものとされている（警察法3条）。

イ 法令等及び上司の職務上の命令に従う義務（32条）

職員は，その職務を遂行するに当たって，法令等に従い，かつ，上司の職務上の命令に忠実に従わなければならない。法令等に従う義務は，法律による行政の原理から導かれる。仮に，職員が，その職務を遂行するに当たって，法令等に従わなければ，法律による行政の原理を維持することができない。ここにいう「法令等」とは，法令，条例，地方公共団体の規則及び地方公共団体の機関の定める規程を指す。

また，上司の職務上の命令に忠実に従う義務を負うのは，行政組織の統一的かつ効率的な運営の確保のためである。換言すれば，公務員は上下の命令服従関係に基づき一体として活動すべきものだからである。ここにいう「上司」とは，その者に対して指揮監督権を有する上級の職にある者を指す。なお，警察官については，上司の職務上の命令に従う義務のほか，上官（自分より上級の官職にある者）の指揮監督を受け，警察の事務を執行する義務を負う（警察法63条）。

ウ 信用失墜行為の禁止（33条）

職員は，その職の信用を傷つけ，又は職員の職全体の不名誉となるような行為（信用失墜行為）をしてはならない。

職員は，全体の奉仕者として公共の利益のために勤務しなければならないから，一般人以上に厳しく，かつ，高度な行為規範に従うことが求められている。信用失墜行為の禁止は，この行為規範を職業倫理的なものにとどめることなく法的規範として定立したものである。

信用失墜行為のうち，「その職の信用を傷つけ」る行為とは，職務に関連する非違行為（職権濫用や収賄など）を指す一方，「職員の職全体の不名誉となるような行為」には，職務に関連する場合のほか，職務とは直接の関連を有しない職員の個人的な行為も含まれる。例えば，勤務時間外における飲酒運転等の犯罪行為や，私生活における社会道徳的に強い非難を受ける行為（不倫など）もこれに該当し得る。

> このような一般的な解釈を示すことは可能であるが，具体的にいかなる行為が信用失墜行為に当たるかは，社会一般のその官職にある公務員に対する期待の水準により定まるものであり，例えば，同じ係長でも，知事部局の職員と警察職員とでは信用失墜行為の範囲が異なるかもしれない。

エ　守秘義務（34条）

　職員は，職務上知り得た秘密を漏らしてはならない。ここにいう「秘密」とは，一般的に了知されていない事実であって，それを一般に了知せしめることが一定の利益の侵害になると客観的に考えられるものを指す。また，形式的に秘密の指定がされているだけでは足りず，実質的にもそれを秘密として保護するに値するもの（実質秘）でなければならない。

　守秘義務の対象となる「職務上知り得た秘密」とは，職員が職務遂行上知り得た秘密をいい，自らの担当外の事項であっても，これに含まれることがある。ただし，職務に何ら関係なく，偶然に見聞きしたにすぎないものはこれに含まれない。

　禁止行為である秘密を「漏らす」行為とは，秘密を広く一般に知らしめる行為又は知らしめるおそれのある全ての行為を指し，例えば文書で表示することや口頭で伝達することがこれに当たる。

　他の服務上の義務と異なり，在職中に知り得た秘密については，退職後も守るべき義務が課せられている。

　守秘義務に違反して秘密を漏らす行為は，刑事罰の対象となる[68]。

> 　法令による証人，鑑定人等となり，職務上の秘密に属する事項を発表しなければならない場合があるが，任命権者の許可を受けたときは，守秘義務が解除され，職務上の秘密に属する事項の発表が許される（34条2項）。「職務上の秘密」とは，当該職員の職務上の所掌に属する秘密を指し，守秘義務の対象となる「職務上知り得た秘密」よりも

---

68)　法定刑は，1年以下の懲役又は50万円以下の罰金である（地方公務員法60条2号）。なお，秘密を漏らした本人でなくとも，秘密を漏らす行為を企て，命じ，故意にこれを容認し，そそのかし，又はその幇助をした者は，同じ刑に処せられる（同法62条）。

> 狭い概念である。「法令による証人，鑑定人等とな」る場合としては，
> 例えば，刑事事件に関して証人尋問を受ける場合がある。

オ 職務専念義務（35条）

職員は，法律又は条例に特別の定めがある場合を除くほか，その勤務時間及び職務上の注意力の全てをその職責遂行のために用い，当該地方公共団体がなすべき責任を有する職務にのみ従事しなければならない。

「職責」とは，職員に具体的に割り当てられた職務と責任を指す。

〈 職務専念義務が免除される場合の例 〉

法令の定めによる免除	条例の定めによる免除
懲戒処分による停職 分限処分による休職 休暇（年次有給休暇，夏季休暇等）	部外からの依頼により研修の講師となる場合 厚生関係（人間ドック等）

カ 政治的行為の制限（36条）

職員は，政治的行為を行ってはならない。政治的行為の制限は，職員が表現の自由の一内容として享有する政治的活動の自由と，職員が全体の奉仕者であることにより求められる政治的中立性とを調整するために設けられたものであり，選挙権の行使を除き，職員による政治的行為を，公務以外での活動（勤務時間外における職場外での活動）も含め，ほぼ全面的に制限するものである。

禁止される政治的行為は，具体的には，次の2つである。

　①政党その他の政治的団体の結成等に関する行為

　　政治的団体の結成に関与し，その役員となり，又はその構成員となるよう（ならないよう）勧誘運動をすること。

　②特定の政治目的に基づく一定の行為

　　例えば，公の選挙において特定の人を支持する目的をもって投票をするように勧誘運動をすること[69]。

キ 争議行為等の禁止（37条）

職員は，争議行為や怠業的行為をしてはならない。

---

69) ②の類型の政治的行為は，当該職員の属する地方公共団体の区域外において行うことは禁じられていない。

職員は，憲法上の「勤労者」であるから，労働三権（団結権，団体交渉権，争議権）の享有主体である（憲法28条）。しかし，その職務の公共性により，また，勤務条件が法律・条例で定められていること，人事委員会勧告による代償措置が存在すること等から，争議行為が認められない。なお，警察職員と消防職員については，その職務の特殊性から，争議権に加え，団結権及び団体交渉権も全面的に制限されている[70]。

　「争議行為」とは，地方公共団体の業務の正常な運営を阻害する積極的行為を指す。条文上，同盟罷業（いわゆるストライキ）と怠業（いわゆるサボタージュ）が例示されているが，それらに限られるものではない[71]。

　「怠業的行為」とは，地方公共団体の活動能力を低下させる消極的行為を指す。

　争議行為や怠業的行為を実行すること自体に罰則は設けられていないが，これらを企て，又はその遂行を共謀し，そそのかし，若しくはあおる行為は，刑事罰の対象となる[72]。

ク　営利企業等の従事制限（38条）

　職員は，任命権者の許可を受けなければ，営利企業等の役員等を兼ね，若しくは自ら営利企業を営み，又は報酬を得ていかなる事業若しくは事務にも従事してはならない。

　営利企業等の従事制限は，職員の職務専念義務を全うするとともに，職員が営利企業等に従事することにより全体の奉仕者として求められる中立性や公正性が害されたり行政に対する不信が生じたりするのを防ぐ趣旨である。そのため，任命権者による許可は，職員による営利企業等への従事がこれらの趣旨に反しないと認める場合に限り，行うことができる。

　営利企業等の従事制限は，身分上の義務であることから，勤務時間の内外を問わず，また休職中であっても適用がある。

70）　警察職員と消防職員を除く一般職の地方公務員は，職員団体を結成し，勤務条件に関して当局と交渉することができる。

71）　例えば，ピケッティング（ストライキの実行に際し，非組合員によるスト破りを防ぎ，ストライキの実効性を確保するため，職場で見張りを行うこと）も，態様によっては，それ自体がストライキとは別の争議行為と評価され得る。

72）　法定刑は，3年以下の懲役又は100万円以下の罰金である（地方公務員法61条4号）。なお，これらの罪は，共犯を独立して処罰の対象とするものであり，構成要件として列挙された行為が行われることをもって犯罪が成立し，実際に争議行為が行われたか否かはその成否に影響しない（つまり，いわゆる共犯の従属性の理論は適用されない。）。

3　分限処分

(1) 意　義

分限処分とは，公務能率の維持を図るため，任命権者が職員の意に反して行う職員にとって不利益な処分のことである。制裁としての性質を有しない点で，懲戒処分と区別される。

(2) 種　類

分限処分の種類は，重い順に，以下のとおりである。いずれも職員の意に反して行うものに限られる。

免　職	職を失わせる処分
降　任	職員を現在任用されている職より下位の職に任用する処分
休　職	職を保有させたまま，一定期間職務に従事させない処分
降　給	職員の給料の額を下げる処分

(3) 分限事由

分限事由は，分限処分の種類ごとに異なり，地方公務員法においては，降任又は免職の事由と休職の事由が定められている[73]。

ア　降任又は免職の事由

勤務成績不良	人事評価又は勤務の状況を示す事実に照らして，勤務実績がよくない場合
心身の故障	心身の故障のため，職務の遂行に支障があり，又はこれに堪えない場合
適格性欠如	その職に必要な適格性を欠く場合
廃職又は過員	職制や定数の改廃又は予算の減少により廃職又は過員を生じた場合

イ　休職の事由

・心身の故障のため長期の休養を要する場合

---

[73]　降給の事由は条例で定めることとされている。

- 刑事事件に関して起訴された場合
- 条例で定めるその他の場合

(4) 手　　続

分限の手続は，条例で定めることとされている。

4　懲戒処分

(1) 意　　義

懲戒処分とは，公務員の公務遂行に係る秩序を維持することを目的として，職務上の義務に違反した職員に対して任命権者が行う制裁のことである。制裁としての性質を有する点で，分限処分と区別される。

(2) 種　　類

懲戒処分の種類は，重い順に，以下のとおりである。

免　職	職を失わせる処分
停　職	職員を一定期間職務に従事させない処分
減　給	職員の給料の一定割合を減額して支給する処分
戒　告	職員の責任を確認し，その将来を戒める処分

(3) 懲戒事由

懲戒事由は，次の3つである。なお，懲戒事由は4種類の懲戒処分に共通するものである。

- 地方公務員法又は同法に基づく条例等に違反した場合
- 職務上の義務に違反し，又は職務を怠った場合
- 全体の奉仕者たるにふさわしくない非行のあった場合

事項索引

〈あ〉

淡路スナック傷害事件　105
委員会　35
意見の聴取　133
慰謝料　204
一部不開示決定　231
一斉検問　158
一般職　238
一般処分　113
移動警察等に関する職権行使　70
委任機関　25
違反点数の累積　130
因果関係　204
インカメラ審理　235, 236
訴えの利益　222
上乗せ条例　44
運転免許　117
運転免許の取消し　130
営造物責任　209
営利企業等の従事制限　243
援助の要求　63
遠方離島　54
応諾義務　135, 189
オウム真理教犯罪被害者等を救済するための給付金の支給に関する法律　42
公の営造物　210
桶川ストーカー殺人事件　101, 107

〈か〉

外形標準説　207
戒告　140, 245
開示決定　231
開示請求　230, 236
開示の実施　232
解職請求　47
加害公務員の特定　206
確認　122
学問上の警察　88
過失　208
下命　119
管轄区域外における権限　66
管轄区域外における職権行使　64
管轄区域の境界周辺における事案に関する権限　65
管区警察局　73
関与　40
関与の法定主義　40
管理　60, 75
危害許容要件　194
議会の解散権　38
議会の解散請求　47
帰化の許可　122
機関　18
棄却　216, 223
期限　124
危険時の立入り　185
危険性帯有　130
危険な事態　179, 186
議事機関　33
規制行政　11
規則　45, 46
義務付けの訴え　219, 223
却下　216, 223
客観訴訟　218
求償権　205
休職　244
給付行政　11
凶器　167
協議　22
凶器捜検　165
教示　215, 221
行政委員会　36
行政機関　17
行政強制　136
行政区　33
行政警察活動　8
行政行為　113
行政行為の撤回　129
行政行為の取消し　128
行政事件訴訟法　218
強制執行　139
行政指導　134
行政上の強制執行　139
行政上の強制徴収　141
行政上の不服申立て　211
行政処分　113
強制捜査への移行手続　153
行政組織　17
行政代執行　139
行政庁　19
強制調査　136
行政調査　135, 138
強制徴収　141
行政手続条例　112

行政手続法　111
行政不服審査法　211
共同命令　22
許可　116
緊急事態の布告　70
緊急配備検問　158
緊急避難　195
禁止　119
警戒検問　158
警告　179, 183
警察活動上の原理　96
警察下命　119
警察官等けん銃使用及び取扱い規範　192, 196
警察許可　116
警察権　88
「警察権の限界」論　89
警察署　53
警察署協議会　54
警察庁　72
警察庁長官　72
警察の責務　55
警察比例の原則　94
警察法2条1項説　160
警察本部　52
警察本部長　51
警視総監　51
警視庁　52
刑事補償請求権　201
刑事補償法　201
警職法2条1項説　160
契約自由の原則　98
結果回避可能性　208
結果回避義務　208
欠格事由　118
欠格条項　118
決裁　20
減給　245
権限　23
権限の委任　25
権限の代行　24, 26
権限の代理　24
現行犯鎮圧の法理　184
現行犯人に関する職権行使　69
原告適格　222
原処分　216
故意　208
公安委員会規則　46
広域組織犯罪等　67
広域組織犯罪等に関する権限　67
広域組織犯罪等に対処するための警察の態勢に係る指示　79
公開の場所への立入り　187
合議制の行政庁　20
降給　244
公共団体　205
公共の安全と秩序の維持に関する情報　233
公権力の行使　205
抗告訴訟　218
交通規制　113
交通検問　158
交通反則通告制度　141
公定力　125
降任　244
公文書　230
神戸大学院生リンチ殺人事件　106
公務員の職務遂行に関する情報　233
公務員の不法行為による損害賠償責任　204
公務執行妨害罪　207
国際捜査共助　100
国際捜査共助法　99
個人情報　232
個人情報保護条例　229
個人情報保護制度　229, 236
国家公安委員会　74
国家公安委員会規則　76
国家賠償制度　202
国家賠償法　202
国家無答責の原則　203
個別検問　158

〈さ〉

再議権　38
裁決　216
裁決の取消しの訴え　219
最上級行政庁　214
裁量権　103
裁量権収縮論　103
裁量権のゼロ収縮　103
催涙ガス　192
作為義務　139
作為命令　119
酒に酔つて公衆に迷惑をかける行為の防止等に関する法律　175
差止めの訴え　219
参考人的立場の者　151
指揮監督権　23
市警察部　32
自己責任説　205
自治事務　42
執行機関　19, 33

執行罰　139
実施機関　229, 230
実質秘　241
実定法上の警察　88
質問　152
私的自治の原則　98
私的領域の尊重　98
自動車検問　158
品触れ　123
司法警察活動　8
事務・事業に関する情報　233
事務局　34
事務の監査請求　47
住居の不可侵　98
自由選択主義　220
住民自治　29
重要事項留保説　91
授権代理　24
首長　33, 35
首長の不信任の議決　38
首長部局　35
出訴期間　220
受任機関　25
守秘義務　241
準抗告　213
準法律行為的行政行為　114
上級行政庁　214
条件　124
承諾　155
少年の保護事件に係る補償に関する法律　201
情報公開・個人情報保護審査会　230, 235
情報公開条例　229
情報公開制度　229
使用要件　194
条例　42
条例定員　83
条例の制定・改廃の請求　47
所轄　58, 74
職務質問　147
職務上知り得た秘密　241
職務専念義務　242
所持品検査　154
所掌事務　23
処分　113, 213, 220
処分基準　133
処分庁　214
処分の取消しの訴え　219, 220
自力執行力　126
知る権利　229
侵害的行政活動　91

侵害留保説　91, 92
審査基準　131
審査請求　212
審査請求期間　214
審査請求前置主義　220
審査庁　214
申請に対する処分　115, 130
申請による運転免許の取消し　115
身体捜検　165
信用失墜行為の禁止　240
審理員　215
制止　184
性質上の凶器　167
政治的行為の制限　242
精神錯乱者　169
正当防衛　194
政令指定都市　32
政令定員　83
設権行為　121
専決　26
専決処分　39
全部留保説　91
争議行為　243
争議行為等の禁止　242
相互協力義務　63
相互保証主義　209
即時強制　137
損失補償　202
存否応答拒否　234

〈た〉

第１号法定受託事務　41
第２号法定受託事務　41
代位責任説　205
怠業　243
怠業的行為　243
代決　27
代執行　42, 139
代執行令書　140
対人許可　117
代替的作為義務　139
滞納処分　141
対物許可　117
逮捕の現場における捜索・差押え　166
団体自治　30
知事部局　35
地方警察職員　82
地方警察職員の任命　122
地方警察官　82
地方公共団体　29

地方公務員法　238
地方自治の本旨　29
懲戒処分　245
聴聞　133
直接強制　139
直接請求権　46
通行禁止道路通行許可　117
通知　123
停止　151
停職　245
泥酔者　169
出先機関　22
刀剣類の登録　117, 122
同行要求　162
当事者訴訟　218
道府県警察本部　52
道府県警察本部長　51
同盟罷業　243
道路外致死傷　130
道路使用許可　18
道路占用許可　122
道路の公用開始行為　114
独任制の行政庁　20
特別職　238
特別地方公共団体　31
特許　121
都道府県警察　51
都道府県警察に対する指揮監督　78
都道府県公安委員会　58
都道府県公安委員会規則　62
留め置き　152
取り消し得る行政行為　128
取消訴訟　219

〈な〉

内部部局　72
ナショナル・ミニマム　44
新島ミサイル事件　105
二元代表制　37
任意同行　162
認容　216, 223

〈は〉

刃物の販売規制　44
犯罪被害者等給付金　12
犯罪被害者等給付金支給の裁定　122
犯罪被害者等給付金に係る裁定　42, 214, 220
反則金　141
非侵害的行政活動　91
非代替的作為義務　139

被逮捕者の身体捜検　165
必要性のない場合の権限行使の禁止　97
人に危害を与えないような方法での武器の使用　194
人に危害を与えるような方法での武器の使用　194
避難等の措置　177
秘密　241
百条調査権　35
標識標示主義　114
標準処理期間　131
標準審理期間　216
平等原則　95, 119
病人　169
比例原則　94, 143, 144
不開示決定　231
不開示情報　232
不可争力　126, 215, 221
附款　123
武器　192
武器の使用　138, 190, 192
服務　238
服務の根本基準　239
服務の宣誓　239
不作為　213
不作為義務　139
不作為庁　214
不作為の違法確認の訴え　219
不作為命令　119
負傷者　169
不審者　149
普通地方公共団体　31
部分開示決定　231
プライバシー権　229
不利益処分　115, 132
分限処分　244
変事非協力の罪　180
弁明の機会　133
放置違反金　121, 141
法治主義　90
法定受託事務　41, 214
法定代理　24
法は家庭に入らず　98
法律行為的行政行為　114
法律による行政の原理　90
法律による権限の分配　23, 57, 92
法律の規定の厳格な解釈　96
法律の留保の原則　90
暴力団の指定　122, 214, 220
法令等及び上司の職務上の命令に従う義務　240

事項索引　251

保護　169
補佐　61, 75
補助機関　19

〈ま〉

迷い子　169
ミニ検問　158
民事不介入の原則　101
民衆訴訟　218
無効等確認の訴え　219
無効な行政行為　127
酩規法　175
酩酊者　170
酩酊者規制法　175
免職　244, 245
黙示の承諾　155
目的外権限行使の禁止　97
モデル審査基準　132

〈や〉

用法上の凶器　167
予見可能性　208
横出し条例　45

〈ら〉

領置（刑事収容施設法上の領置）　167
領置（刑訴法上の領置）　167
留置開始時の身体検査　166
令状主義　136, 138

著者略歴

平居　秀一（ひらい　しゅういち）

1994　司法試験合格
1996　東京大学法学部卒業
「警察庁入庁」
1999　鳥取県警察本部警備第一課長
2001　徳島県警察本部捜査第二課長
2003　警察庁公安第一課課長補佐
2005　千葉県警察本部公安第三課長
2006　外務省海外邦人安全課課長補佐
2008　警察庁生活環境課課長補佐
2009　司法修習生（旧第63期）
2010　警察庁総務課課長補佐
2011　警察庁保安課理事官
2012　警察大学校警察政策研究センター教授
2013　警察大学校特別捜査幹部研修所主任教授
2014　文部科学省児童生徒課生徒指導室長
2016　警察庁総務課留置管理室長兼取調べ監督指導室長
2017　公安調査庁調査第二部公安調査管理官
2020　内閣官房内閣参事官（重要土地等調査法施行準備室）
2022　警察庁生活経済対策管理官
2023　宮崎県警察本部長

主要著書

『警察官のためのわかりやすい憲法』（立花書房，2015）

★本書の無断複製(コピー)は，著作権法上での例外を除き，禁じられています。また，代行業者等に依頼してスキャンやデジタルデータ化を行うことは，たとえ個人や家庭内の利用を目的とする場合であっても，著作権法違反となります。

警察官のためのわかりやすい警察行政法

平成31年3月1日　第1刷発行
令和7年3月1日　第2刷発行

著　者　平　居　秀　一
発行者　橘　　　茂　雄
発行所　立　花　書　房
東京都千代田区神田小川町3-28-2
電話　03-3291-1561（代表）
FAX　03-3233-2871
https://tachibanashobo.co.jp

©2019　Shuichi Hirai　　　印刷・製本　倉敷印刷

乱丁・落丁の際は本社でお取替いたします。

すぐに使える記載例＆基礎から学ぶ法令解釈のコラボレーション！

地域・刑事警察官の**事件送致に必要な犯罪事実記載例**を、この１冊に集約！

立花書房 最新刊　部内用

軽微事件を中心に、重要犯罪も加えて、

窃盗　強盗　暴行　傷害　遺失物等横領　公務執行妨害　住居侵入　器物損壊　公然わいせつ　軽犯罪法（１条１号〜34号）　ピッキング防止法　銃刀法　酩酊者規制法　入管法　売春防止法　風営法　迷惑防止条例

等の記載例を収録。「最低限かつ必要十分」をマスター！

すぐに役立つ 地域・刑事警察官
犯罪事実記載要領
～重要・頻出記載例と詳細解説～
【第２版】

地域・刑事実務研究会 編著

現職の
東京区検察庁上席の検察官が監修！

実務に精通した東京区検察庁上席の検察官である殿井憲一総務部長（前刑事部長）の監修だから、ダイレクトに役立つ！　生安担当の警察官にも手にとってもらいたい一冊。

犯罪類型ごとに「法令解釈➡犯罪事実記載例➡記載例をもとに詳しく解説」という構成だから、確実に実力アップ！　具体例、参考判例・条文、他罪との関係、補足事項等を丁寧に解説。

A５判・並製・288頁
定価（本体1500円＋税）

第２章　刑法犯犯罪事実記載例
　　　　（窃盗・傷害・暴行・遺失…

第２版は更にグレードアップ！

- 近年の**改正法令・裁判例**の反映
- **刑法犯**（住居侵入、器物損壊、公然わいせつ）の解説＆記載例を追加
- 「**一口メモ**」「**一口コラム**」を追加

「すぐに役立つシリーズ」姉妹書

併せて活用し理解度アップ！
**すぐに役立つ
地域・刑事警察官
一件書類
記載例集
【強制捜査編】**
定価（本体2000円＋税）

＊お申込み先：立花書房　Tel. 03-3291-1561（代表）　Fax. 03-3233-2871　http://tachibanashobo.co.jp

実務と判例で学ぶ刑法、刑事訴訟法

警察官のためのわかりやすい刑法

帝京大学法学部教授・弁護士・元検事　佐々木知子 著

刑法総論・各論を一冊で網羅！体系的な理解ができる！

警察官の立場に立った一気に読みたい基本書！

「**実務で重要なのはただ1つ、判例です**」と言う検事15年の経験を持つ筆者が実務に携わる警察官に向けて、自らの経験を踏まえて、**判例・通説に沿ってわかりやすく刑法を解説**。実務で役立つ判例を多数掲載しており、また随所に**イラストや図表が入っている**ので、視覚的にも理解を早める。**刑法の総論と各論が一冊で学べる**本書を使用すれば、効率良く刑法を学べることは間違いない。しっかりと刑法を理解したい警察官にとって、必携の一冊である。

イラストや図で理解が早まる→

A5判・並製・336頁　定価（**本体2100円＋税**）

立花書房 好評書 一気に読みたい2冊！（送料：各300円）

警察官のためのわかりやすい刑事訴訟法

元最高検察庁検事・弁護士　加藤　康榮 編集・著
昭和大学医学部法医学講座教授・元最高検察庁検事　城　祐一郎 著
東京高等検察庁（最高検察庁事務取扱）検事　阪井　光平 著

公判を見据えた捜査手続を現役の検察官がわかりやすく解説！

近時の重要な捜査・公判を巡る法整備等の解説を含め、刑事訴訟法の今がわかる！

多忙な警察官がよりわかりやすくコンパクトに刑事手続を学べるように、**現役の検察官が実務の視点から**刑事訴訟法を解説。近時の重要な捜査・公判を巡る法整備や判例等についても触れられているので、刑事訴訟法の今がわかる。

捜査の章には、実務の視点からの特に豊富な記述があり、実際の現場で役立つ。

公判の章では、被害者特定事項の秘匿や取調べメモの証拠開示など、捜査に関連する重要な事項や判例を掘り下げて紹介。

第一線の警察官が「**一気に読みたい概説書**」であることを目指した渾身の一冊。

A5判・並製・320頁　定価（**本体2100円＋税**）

難しい憲法を、わかりやすく！

立花書房 好評書

警察官のための
わかりやすい憲法

元警察庁総務課留置管理室長兼
取調べ監督指導室長　平居　秀一 著

警察活動と関係する
記述が満載！

実務と昇試に必要とされる
憲法の知識を凝縮！

わかり
やすさを
追求

警察官
向けに
特化

一気に
読める

逮捕や捜索・差押えに関する
令状主義など、警察官にとって
重要な部分は厚く論述

　憲法は難しい。その難しさを軽減し、わかりやすさを追求したのが本書である。判例を前提に平易な表現を用い、わかりやすさを優先することで、迷うことなく一気に読み進めることができる。巻末には日本国憲法の条文が掲載されているため、この一冊で判例・条文を学ぶことが可能。憲法を学ぶ警察官が最初に読むべき解説書である。

A5判・並製・272頁
定価（本体2000円＋税）（送料:300円）

シリーズ好評発売中！

警察官のための
わかりやすい 刑法
帝京大学法学部教授・弁護士・元検事
佐々木知子 著
A5判・並製・336頁（送料:300円）
定価（本体2100円＋税）

警察官のための
わかりやすい 刑事訴訟法
元最高検察庁検事・弁護士
加藤康榮 編集・著
昭和大学医学部法医学講座教授・
元最高検察庁検事
城 祐一郎
東京高等検察庁
（最高検察庁事務取扱）検事
阪井光平 著
A5判・並製・320頁（送料:300円）
定価（本体2100円＋税）

＊お申込み先：立花書房営業部　Tel. 03-3291-1561　Fax. 03-3233-2871　http://tachibanashobo.co.jp